いつも怒っている人も
うまく怒れない人も

図解 アンガーマネジメント

日本アンガーマネジメント協会代表理事
安藤俊介＝監修
戸田久実＝著

かんき出版

いつも怒っているあなたと
うまく怒れないあなたへ

怒りっぽい人は…

子どもっぽいと思われる

大人げない人は、
老若男女問わず、とっつきにくい

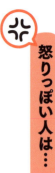

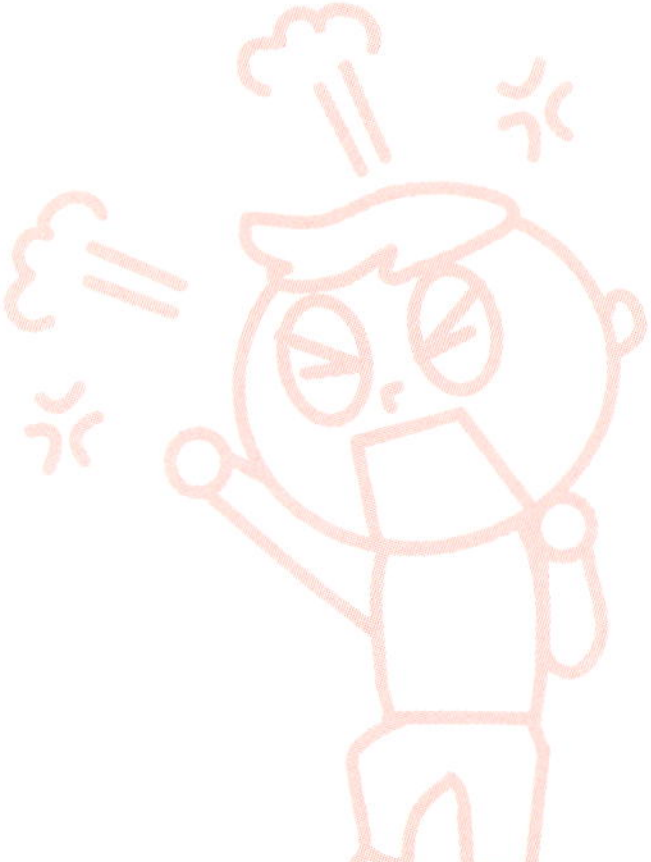

怒りっぽい人は…

面倒な人だと思われる

「あの人とは関わりたくないね」とうわさされてしまう…

怒りっぽい人は…

いつの間にかひとりぼっち

気づけばいつも、なんだかさびしい…

怒りっぽい人は…

自分自身も疲れてしまう

怒ってばかりいると、誰よりも自分が苦しい

うまく怒れない人は…

いい人ぶって見える

誰にでもいい顔をする人は、逆に好かれない

うまく怒れない人は…

優柔不断に見える

まわりをイライラさせてしまうことも…

うまく怒れない人は…

本音で話せる相手ができない

本音を言えないと、人と親しくなりきれない

うまく怒れない人は…

感情をため込んで苦しくなる

言えないことが増え続けると、
自分を嫌いになることも…

怒りをうまく扱える人は

素直に見える

大人も子どもも、みんな素直な人が好き

怒りをうまく扱える人は

潔く見える

飾らない姿は「感じがいい」と評される

怒りをうまく扱える人は

人望が厚い

まわりに配慮できるから、
自然と人から慕われる

怒りをうまく扱える人は

愛される

気持ちのいい関係を築ける分だけ
誰かにとっての特別になれる

怒りをうまく扱える人は

自分を好きになれる

自然体だから、自分もラクでいられる

怒りをうまく扱える人は

毎日がしあわせ

ため込まないから、生きることが楽しい

はじめに

「今日もキレてしまった…」
「また、言いたいことをガマンしちゃった…」
そんなふうに落ち込むことはありませんか?

アンガーマネジメントは、誰でも怒りの感情をうまく扱えるようになるものです。年配の人からビジネスパーソン、主婦、子どもまで、どんな人でも無理なく取り組めます。

本を読むのが苦手な人でも、時間がない人でも、ひと目で大切なポイントがわかるよう、図とイラストでわかりやすくまとめました。

アンガーマネジメントを身につければ、

1　余計なストレスがたまらなくなります
2　人づき合いがラクになります
3　自分を好きになれます

本書で紹介した考え方・方法を実践していくと、

「イライラが解消した！」

「うまく伝えられた！」

「わかってもらえてスッキリした！」

そんなコミュニケーションに変わっていきます。


いつも怒っているあなたも、うまく怒れないあなたも、ぜひ、相手を傷つけず、自分も嫌われない関わり方を身につけましょう！

２０１６年10月　戸田久実

CONTENTS

いつも怒っている人も　うまく怒れない人も
図解アンガーマネジメント　もくじ

CONTENTS

Part 1 アンガーマネジメントってなんだろう？

Part 2 怒りにはどんな特徴があるの？

Part 3 怒りはこうとらえよう

CONTENTS

Part 5 怒りがわいたときの対処法

CONTENTS

カバーデザイン　小口翔平（tobufune）
本文DTP・イラスト　石山沙蘭
編集協力　星野友絵（silas consulting）

Part 1

アンガーマネジメントってなんだろう?

電車の中でマナーの悪い人を見たらどうする？

注意する？　しない？

あなたは電車の中でマナーの悪い人を見ました。見ていると、イラッと腹が立ちます。そんなとき、どうすればいいでしょうか？

たとえば、足を広げて、ひとりで2席分陣取っている男性、ずっと化粧をしている20代女性、ハンバーガーを食べている男性、高齢者に席を譲らない20代前半男性など…。

そんなとき、「マナー違反をしているこの人が悪い！」と、正義感が強い人、道徳心がある人はイラ立ちを感じるでしょう。

こんなとき、あなたなら、どうしますか？

「悪いのはマナー違反をしている人だ。すぐにやめさせたい！　だから注意をする！」という選択をする人もいれば、「注意してもどうにもならないから、注意しないことにする」とい

う人もいるはずです。

「注意する」を選んだあなた

もしあなたが**「注意する」を選んだなら、やってはいけないのは、怒りにまかせた行動です。**マナー違反をしている相手にイライラしているからといって、怒鳴り倒したり、蹴ったり、いきなりどついたり、つかみかかるといったことはもちろんしてはいけません。その後、トラブルになる可能性があります。

また、落ち着いて注意したとしても、相手が逆ギレすることもあります。たとえ**逆ギレされて揉めたとしても言ったほうがいいと思うのであれば、注意するという選択をしてもいい**ですね。

「注意しない」を選んだあなた

「注意したら相手に逆ギレされそうだからやめておこう…」という選択をしたあなた。

「まっ、いいか」と思えるならいいのですが、やってはいけないのが次のような行動です。

「注意はしないけど、マナー違反をしているこの人はおかしい！許せない！」という思いがつのって、イライラしながらず～っと相手をにらみつけたり、相手に聞こえるようにイヤなため息をつくことです。

これをしてしまうと、注意をしない選択をしたあとも、ずっと相手への怒りに振りまわされることになってしまいます。

もし、マナー違反をしている相手が目に入って**イライラしてしまいそうなら、相手から離れて目に入らないように移動するというのも選択のひとつ**です。車両を移ったり、少し座席をずらしたり…。

「相手のために移動するなんて、自分が負けたような気がする！　悔しい！」

という人もいます。

もしそう思ったなら、負けたことになるのか、よくよく考えてみましょう。

そもそも、相手と勝負する必要などありません。

自分がずっとイライラし続けたいのか、心おだやかな自分でいたいのか、どちらかを決めるだけです。

怒りに振りまわされることに時間を使っても、もったいないですよね。

イラッとしたときには、怒りにまかせた行動をしたり、イライラを引きずらないようにすることをおすすめします。

Lesson

1 アンガーマネジメントとは？

怒りと上手につき合うためのプログラム

アンガーマネジメントとは、1970年代にアメリカで開発された、怒りの感情をマネジメント（上手につき合う）するための「感情理解教育プログラム」です。

プログラムが開発されたばかりのころは、身近な人に暴力をはたらくDV（ドメスティックバイオレンス）や、軽犯罪を犯した人に対する矯正プログラムとしてカリフォルニア州を中心に実施されました。

その後、大きな成果がみられたため、**現在では全米の教育機関や企業でも広く導入されています。** 学校などで揉めごとが少なくなったり、職場環境がギスギスせず、いい雰囲気になっていったり、学習や業務パフォーマンスの向上を目的に、長年活用されています。

アンガーマネジメントとは、怒りの感情と上手につき合うための心理教育・心理トレーニングなのです。

アンガーマネジメントの考え方は広がっている

さまざまな現場で
活用されている

Lesson

2 怒ってはいけないわけではない

アンガーマネジメント＝怒りで後悔しないこと

アンガーマネジメントは、「怒りで後悔しないこと」*という意味です。

決して、「怒ってはいけません」「怒りを我慢しなさい」というわけではなく、怒る必要のあるときには適切な怒り方ができるようになり、怒らなくてもいいことには怒らないですむようになろうということを目指しています。

ついカッとなって「あんなに怒らなければよかった…」と思うことはありませんか？　そんな行動がなくなれば、「やってしまった…」と後悔することも減りますね。

一方、言いたいことがあったのに言えずにいて、いつまでも根にもってしまうことはありませんか？　そんなとき、「こんなことはしないでほしいんだ」と相手にはっきり言えたら、「怒っておけばよかった…」と思うことがなくなります。

アンガーマネジメントができるようになると、こんなふうに、怒りについて後悔することがなくなっていくのです。

アンガーマネジメントの定義

アンガー

↓

怒り

マネジメント

↓

後悔しないこと

これは怒らなくても
いいか

これは怒らないと、
絶対後悔する

大切なのは…

**怒ることと、怒らなくていいことを
分けられること**

＊一般社団法人日本アンガーマネジメント協会の定義より

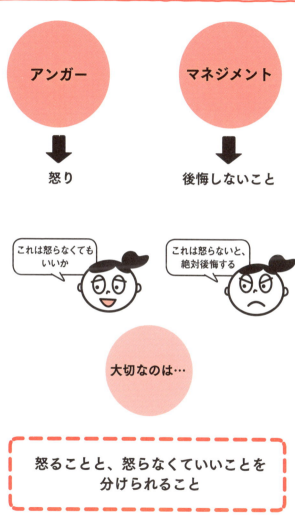

Lesson 3

アンガーマネジメントは実践しなければ身につかない

できることから取り組んでみよう

アンガーマネジメントは心理トレーニングです。知識や情報を知っただけではできるようになりません。「わかる」と「できる」は違うのです。

たとえば、「テニスができるようになりたい」と思ったとします。テニス関連の本を読み、ラケットを買っただけでは身につきませんね。素振りから始めたり、ボールに触れるなど、少しずつでも練習する必要があります。

ダイエットもそうですね。ダイエット本を読み、ダイエットのやり方や方法を知っても、実際に行動に移さなければ痩せません。

アンガーマネジメントも同じで、**日々の生活のなかで、少しずつでも、できるところから取り組んでみることが大切**です。そうすれば、自然と身につくようになります。

まず動くことから始めていきましょう。

怒りに振りまわされない体質になるには…

怒りに振りまわされない体質になりたい

↓

できるところから試すこと！

＝

テニスの素振りやダイエットと同じ

↓

コツコツ続けることで自然と怒りとうまくつき合えるようになる！

Part 2

怒りには
どんな特徴があるの？

Lesson

1 怒りとはどんなもの？

怒りは人間にとって自然な感情のひとつ

私たちが悩まされるイライラや怒りとは、いったいどのような感情なのでしょうか？

まず、「怒り」は私たち人間にとって自然な感情のひとつです。

誰もがもっているものですから、なくすことはできません。

「うれしい」「楽しい」「悲しい」と同じ感情なのです。

ですから、**無理になくそうとしたり、感じないようにするほうが不自然なこと**です。

また人間は、心と身体の安心や安全が脅かされそうになったときに怒りを感じます。

そのため、**怒りは身を守るための感情ともいわれています。**

たとえば、車を運転していて、前方の車が急ブレーキを踏んだために追突しそうになったとします。そのときに、「危ないじゃないか！」と怒りがわいてくることがありませんか。

怒りはたくさんある自然な感情のひとつ

無理になくそうとしたり、
感じないようにすることはできない

駅のホームで、誰かに強い力で押されたら、「何をするんだ！」と、攻撃的に反応してしまうこともあるのではないでしょうか。

これらは、どちらも身体を守ろうとする行為です。

人は心を守るためにも怒りを使う

「身を守る」ということのなかには、心の安全も含まれます。

人から傷つくようなことを言われたり、バカにされたとき、「なんてことを言うのよ！」「あんただって人のこと言えないでしょ！」と言い返すことがありませんか。

これは、心を守ろうとする行為です。

怒りにまかせて発する言葉は、本心ではなく、相手を打ち負かす言葉であることが多いといわれています。売り言葉に買い言葉でケンカになってしまうときには、これが起こりがちです。

もうひとつ、相手と関わって怒りがわいてきたとき、「あ！　こんな人と関わるのはやめて逃げよう」と距離を置くというのも、自分を守る行為のひとつといえます。

怒りは危険から自分の身を守るための感情

危ないじゃないか！
何をするんだ！

身体を守る行為

なんてことを言うのよ！

心を守る行為

こんな人と関わるのはやめよう

身体と心を守る行為

どんな人でも、
怒りの感情は
もっているも
のなんだよ

Lesson

2 怒りの特徴

強い感情であるために振りまわされてしまう

怒りには、次の2つの特徴があります。

1 怒りは、ほかの感情と比べると強いエネルギーをもっている
2 怒りの感情に振りまわされてしまいがち

さっきまで楽しく過ごしていたのに、カチンとくるようなことがあって、楽しい時間が台無しになってしまったということはありませんか？

怒りは、「しあわせだなぁ」「楽しいなぁ」といった気持ちに比べて強いエネルギーをもっています。その分、カッとすることがあると、つい抑えることができず、怒りにまかせた振る舞いをして後悔したり、心がかき乱されるような思いをしてしまうことが多いのです。

たとえば、カッときた瞬間に、冷静な判断ができなくなって、つい後で「しまった…言いすぎた」と思うようなことを言ってしまいがちです。

ほかにも、怒りで心がいっぱいになって、何も手につかなくなったり、「なんでこんなにイライラしてしまうんだろう…」と自分を責めてしまったり、「あいつのせいだ！」と、心の中で相手を責め続けたりすることが、よくあげられます。

怒りにとらわれていると…

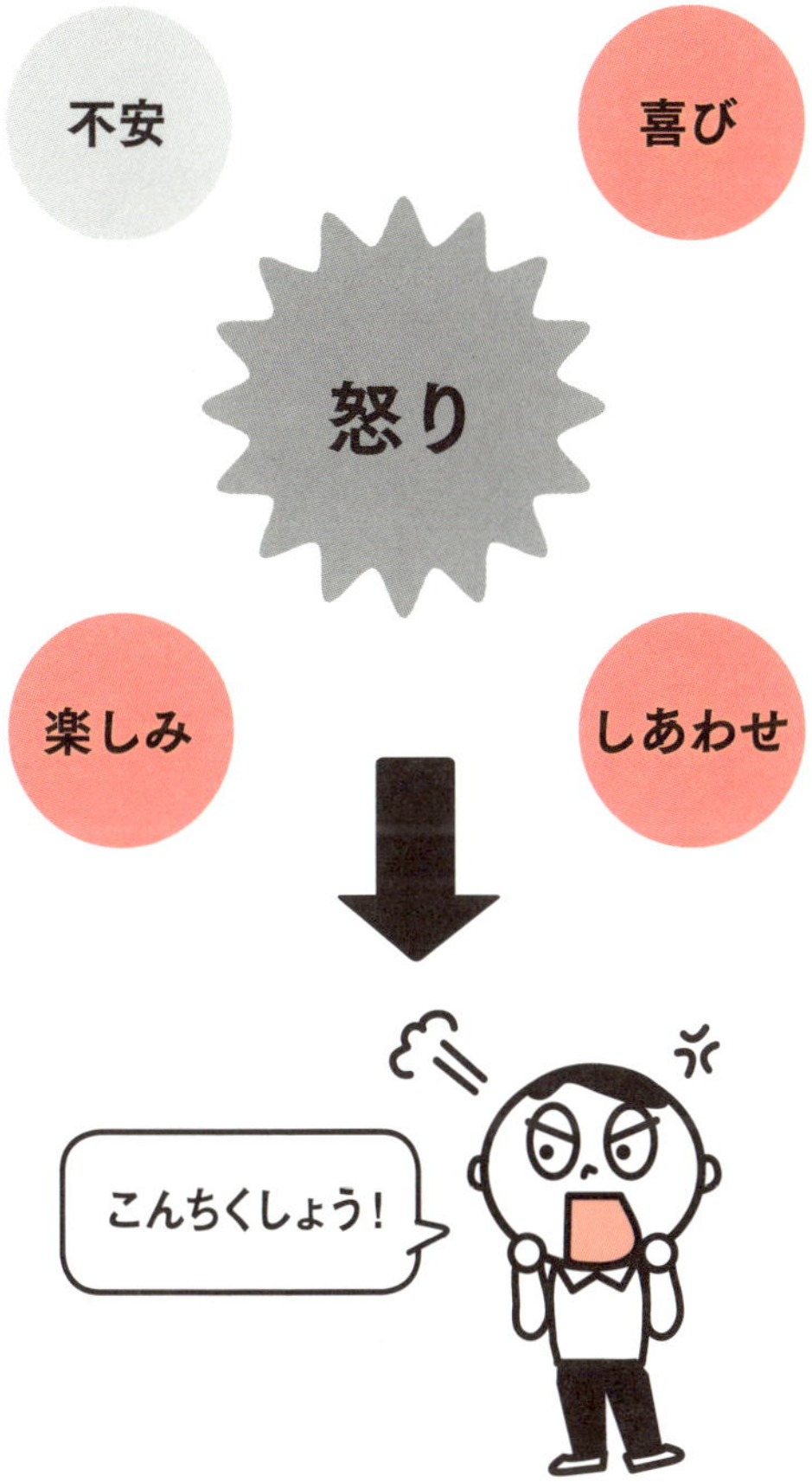
不安
喜び
怒り
楽しみ
しあわせ
こんちくしょう！

怒りの気持ちばかり
感じて生きることに…

Lesson
3 怒りに振りまわされてしまう2つの理由

「怒ること＝いけないこと」と思っている人が多い

では、私たちはどうしてここまで怒りに振りまわされてしまうのでしょうか。
それには2つの理由があります。

1　怒りについて、しっかり理解していないから
2　「怒り＝悪い感情」「怒ること＝いけないこと」と思っている人が多いから

まず、1は、怒りがどういうものなのか、わかっていないから、どう対処していいかもわからないということです。

2は、「人前で怒るのはみっともないことだよ」「怒るなんて大人げないことだよ」などと、家庭や学校の教育で言われてきたために、無意識に怒ってはいけないものだととらえてしまっている状態です。

怒りを悪者にするのはやめよう

怒りは正しく知れば力になる！

これらのことから、怒りを無理に抑え込んで、向き合わないままになってしまう場合が多く、私たちは余計に「怒りの感情」を扱いづらく感じているのです。

まず「怒り」という感情を理解することから始めましょう。そうすれば、怒りと上手につき合うことができるようになります。

Lesson

4 怒りは自分の気持ちを伝えるための伝達手段

おかしいと思うこと、不公平だと思う気持ちを伝える

怒りは、伝達手段でもあることを知っていますか？

私たちは、怒りを使って伝えたいことを表現することもあります。

たとえば、おかしいと思ったことや不公平だと感じたとき、

「こんなことは許せないよ！」

「こんなふうになるなんて、おかしい！」

などと、怒りをもって訴えることがありませんか。

ヘラヘラしながら「これって違うんじゃない？」と言われても、真剣味が伝わってきませんね。

本人は相手に気をつかってにこやかに言っているつもりでも、相手からは「本気で言っていないんだな。じゃあいいや」と軽く考えられてしまったりもします。

そんなときには「これは違うと思っているんだ」と、こちらの思いを正直に言葉に

こんな伝え方はNG！

だって、あなたが
あんなことやこんなこと
をするから！
もう何もかも
イヤだー！！！

これでは何を言いたいかが、
よく伝わらなくなってしまうこ
ともあるので注意

することで、「この人は本気で言っているんだ。じゃあこちらも直そう…」と、相手に受け取ってもらいやすくなります。

ですから、**「これはゆずれない」と感じたときには、勇気を出して伝えることも、大切なこと**なのです。

Lesson

5 怒りについての3つの「誤解」

×怒ればなんとかなる

怒ることで、「力づくでなんとかできる」という発想は、管理職の立場の人に、とくに多くみられます。

では実際はどうかというと、**怒りでなんとかしようとすることで、状況がより悪くなることのほうが多い**のです。

たとえば、「こっちの言うとおりにやればいいんだよ！」「つべこべ言うな！」といった言い方。これは、怒りを使って相手をコントロールしようとするときに出てくる言葉です。

そうなると、言われた側の人は、

「この人が怒って怖いから、言うことを聞いておこう…」

「言うことを聞かないと、あとが怖いし…」

と、その場では言うとおりにするかもしれません。

ところが、納得して自分から動いてくれているわけではないので、相手が本当に変わるわけではありません。加えて、これをし続けてしまうと、自分から動こうとする人の育成はできませんし、長期的に見たときに、よい関係、信頼関係を築くことができなくなってしまうのです。

×怒りは吐き出せばいい

怒るようなことがあったとき、大声を出してわめいたり、物を投げたり、物を壊したり…と、怒りを相手に言葉で伝えるのではなく、違う形で発散している人もいます。

でも、そうしている間は怒りで興奮状態になっているので、まさに怒りの渦中に身を置いているようなものです。これでは、イライラを自分で大きくして爆発させているうえ、「ではどうしたらいい？」という解決策も見えなくなってしまいます。

×怒りは制御できない

怒りを感じるのは自然なことですから、まったく感じないようにすることはできません。ただ、感じた怒りを自分でコントロールすることはできます。

「怒りなんてコントロールできない！」と思っているのは、自分の怒りをコントロールすることを放棄しているということです。

このように、怒りにまかせた行動をとるか、怒りをコントロールして自分の気持ちを伝えるか、どう表現するかは自分次第なのです。

怒りがわいたときやってはいけないこと

× 力づくでなんとかしようとする

× とにかく怒りを吐き出す

× 「怒りはコントロールできない！」と思い込む

いつまでも信頼関係が築けない

Lesson

6 問題となる4つの怒り

ここまでの解説で、「怒りは感じてもいい」とお伝えしてきましたが、もしあなたの怒りの感情に、次にあげる4つの傾向があるなら、怒りがふくれあがらないよう気をつけましょう。

怒り

強度が高い

コントロールできないくらい強い怒りで、一度怒ったらとまらない

- **怒ったときに自分でもコントロールできないほどの強い怒りを感じる**
- **怒り出したらとまらなくなってしまう**
- **一度怒り出したら制止できないような激しい怒りを出してしまう**

まわりがとめてもおさまらずに怒り続けるので、うんざりされてしまったり、腫れ物に触るような扱いをされてしまいます。

持続性がある

根にもって、何度も思い出して怒る

- ●一度怒るとしばらく怒りがしずまらない
- ●しばらく口をきかない、不機嫌が続く…など、根にもつ
- ●過去のことを思い出し、そのときの怒りがわきあがってまた怒り出す

「そういえばあのとき、あんなことがあったよね！」と過去をほじくり返してまた怒り出したりするので、言われた相手も「またはじまった…」「まだそんなことを根にもっているの？」と、何度も嫌な思いをすることになります。

頻度が高い

頻繁に腹を立てる

- ●いろいろなことで頻繁に腹を立てる

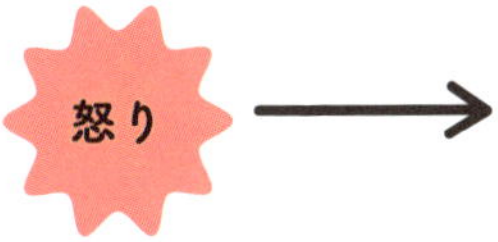

●いつも不機嫌に見える

しょっちゅう愚痴や文句を言ったり、ため息をついたり、舌打ちをしたり、パソコンのキーボードを激しく叩いたり…と、近くにいる人までイライラさせてしまうような振る舞いをしていると、まわりの人たちは「この人とは関わりたくない」とうんざりしてしまいます。

攻撃性がある

相手やまわりを攻撃したり、物を壊す

●怒ると相手を責めて、傷つけるようなことを言ったり暴力を振るったりする
●自分を責めて、自分の心や身体を傷つけるような行為（過度な飲酒、薬物依存など）をする
●物を壊す、物にあたる

カッときた瞬間に、相手に暴言を吐いたり、暴力を振るったり、物を壊すなどといっ

た乱暴な振る舞いをしていると、「なんで私はこんなことをしてしまうんだろう」と自分を責めたり、深酒をしたり、自暴自棄になって、自分を傷つけてしまったりします。

怒りは感じてもいいですし、怒ってもいいのですが、これら４つの怒りについては、意識して暴走しないよう気をつけないと、人が去っていくだけでなく、自分を追い込んでしまうことにもなります。注意したいですね。

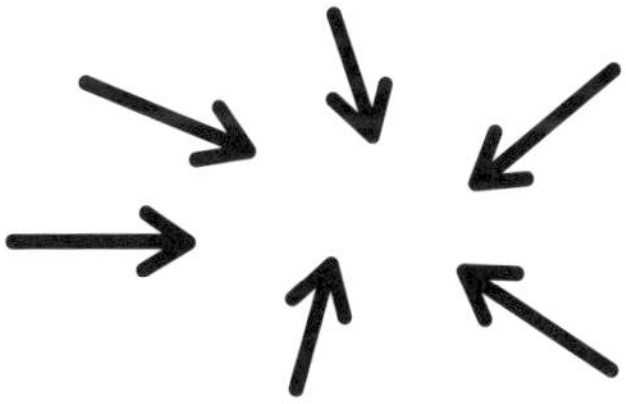

Lesson
7
怒りの感情が長引くと恨み・憎しみに変わることも

いつまでも根にもっていると、恨みや憎しみに変わりやすい

怒りの感情が長く続くと、恨み、憎しみ、憎悪、怨恨といった感情に変化していきます。ところが、「怒りの感情は持続する」という感覚に気づいている人は、意外に少ないようです。

怒りが続くと、いつしかその怒りが恨みや憎しみに変わってしまうことがあります。怒りと恨み、憎しみは違います。

そもそも、怒りは「~してほしい！」という思いを、相手にわかってほしいという気持ちからくるものです。

もし、**「相手にダメージを与えてやろう」「復讐してやろう」という気持ちがわき起こってきたなら、それは、もともとの怒りが恨み、憎しみに変わってしまったということ。**

たとえば、十何年も前のことをほじくり返して、

根にもつタイプの人には
「まだそんなことを言ってるの？」
「しつこいよね」は禁句だよ！

「私が大変だったあのとき、あなたは何にもしてくれなかった…」

「あのとき、あの上司に手柄を横取りされた！」

と恨みがましく言い続けたり、相手に復讐することを考えたり…というのがこれにあたります。

熟年離婚、復讐、ストーキングなどは、怒りが恨みや憎しみに変わってしまったときに起こりがちなケースです。

いつまでも怒りを引きずっていると、まさにずっと怒りに振りまわされているようなもの。結局、何も解決することがありません。

「あっ、私は怒りを引きずりがちかも…」と思ったら、ぜひアンガーマネジメントを実践して、怒りをため込まないようにしましょう。

Lesson

8 怒りは第二次感情

第一次感情に目を向けよう

怒りは第二次感情ともいわれています。

怒りはとても強い感情のため、その裏側にどんな感情が潜んでいるのか、私たちはなかなか気づくことができません。でも、**怒りの裏側には、本来わかってほしい感情である「第一次感情」があります。**具体的に説明しましょう。

まず、「こうあってほしい」という期待や理想が裏切られたとき、「わかってほしい」と思うことがわかってもらえなかったときに、怒りは生まれます。

そのときに感じる**「悲しい」「つらい」「寂しい」「悔しい」「不安」「困惑」…といった気持ちが、怒りとなってあふれる**のです。

怒ってカッとなると、裏側にある気持ちにまで目を向けることができず、怒りの感情だけが表に出てしまいがちです。そうなると、相手に本来わかってほしかった本当の気持ち（第一次感情）を理解してもらえないままになってしまうのです。

怒りは第二次感情

怒りを感じたときには、何に対しての怒りなのか、本来わかってほしい気持ちは何なのかに目を向け、それを相手に伝えるにはどうしたらいいのかを落ち着いて考えるようにしましょう。

第一次感情

不安・つらい・寂しい・苦しい・心配・困った・嫌だ・疲れた・悲しい…

↓

第二次感情

怒りをそのまま伝えるのではなく、第一次感情に注目する

Lesson 9

人の心の中にはコップがある

コップの中にたまった感情に敏感になろう

私たちの心の中には、感情を入れるコップがあるとイメージしてください。
たとえば、何か不安なことがあったとき、悲しい出来事があったとき、眠れなくて疲れているとき…。心の中に、第一次感情といわれるネガティブな感情がたまり、怒りとなってあふれていきます。

「なんだか最近、イライラする。いつもだったらこんなことでイライラしないのに…」と思ったときには、心のコップの中に第一次感情がたくさんたまっているのかもしれません。コップの中にたまっている感情に気づかないと、本来相手にわかってほしかった気持ちがなんだったのか、自分でもわからなくなってしまいます。

私が研修をしているとき、「いま、どんな気持ちですか?」と尋ねても、「わかりません…」と答える人がいます。そういう人は、コップの中の感情に目を向ける機会がないままきてしまったというケースが多いようです。

怒りは第二次感情

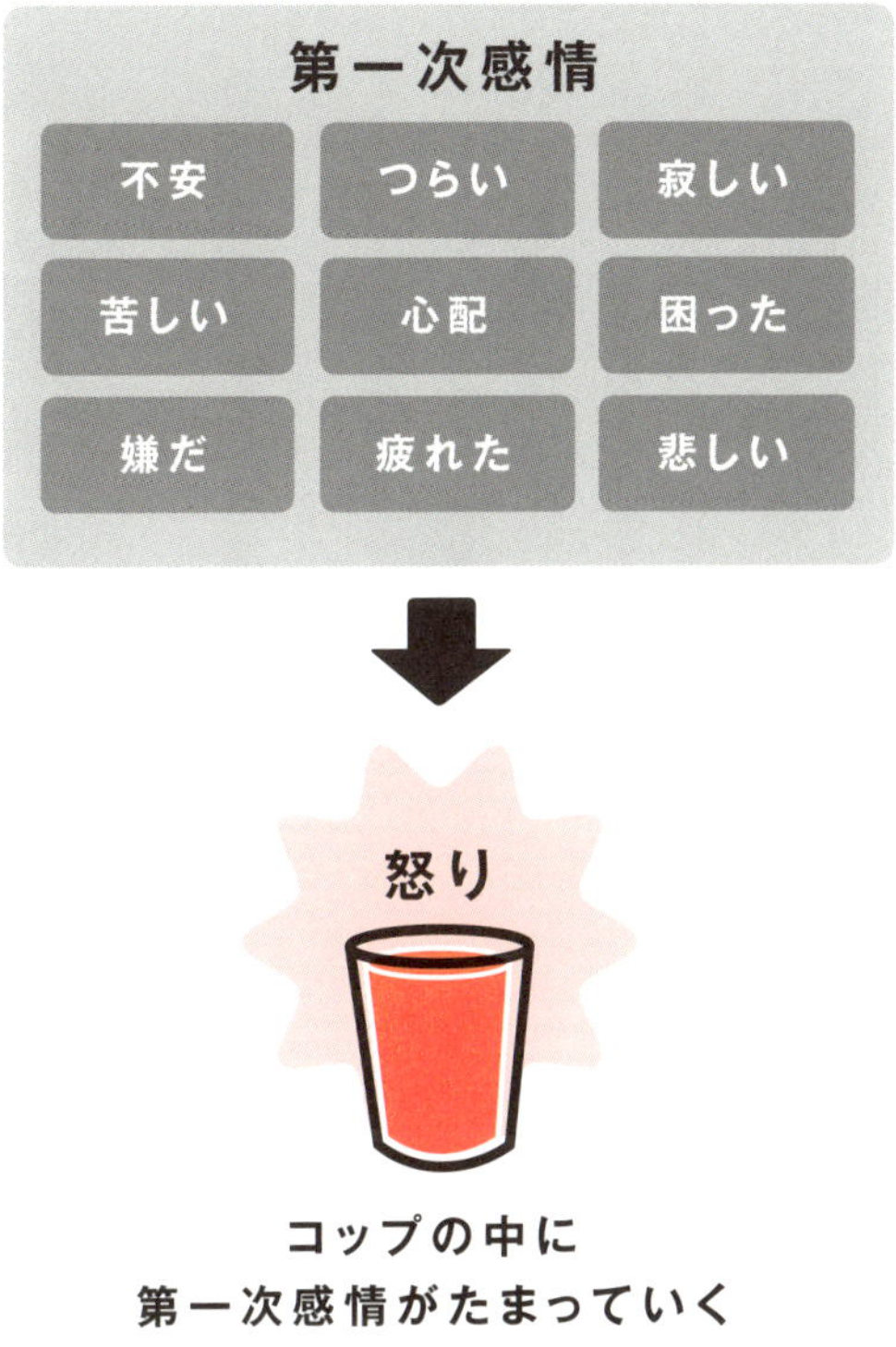

突然爆発したり、ずっとイライラした気持ちをためたりしないためにも、日頃からあなた自身のコップの中にある第一次感情に、目を向けるようにしましょう。

Lesson

10 コップの大きさは大小個人差がある

コップが大きくなると、余計なイライラが減っていく

心の中にコップがあることを説明しましたが、じつは心の中のコップは、人によって大きさが違います。コップの大きさは、自分とは違う他人の考えを受け容れられるかどうかに大きく関係しています。

小さなコップの人の場合、怒りやすく、怒られ弱いという特徴があります。

76ページでお話しする、他人の「こうあるべき」と思っている価値観を受け容れられないので怒りやすく、怒られると過剰に反応してしまいます。

それに対して、**大きなコップの人の場合は、怒りにくく、怒られ強い**という特徴があります。

他人の「こうあるべき」を許容できるので怒りにくく、相手が怒っていたとしても「そういう考えもあっていいよね」ととらえることができます。

大きいコップの人のほうが怒りにくく、怒られ強い

- 怒りやすく、怒られ弱い
- 他人の「こうあるべき」が許容できないため怒りやすい
- なぜ相手が怒っているのか理解できないため、怒られると過剰に反応してしまう

- 怒りにくく、怒られ強い
- 他人の「こうあるべき」を許容できるため怒りにくい
- 相手が怒っていたとしても「そういう考え（べき）もあっていい」と自然と思える
- 相手に同意しなくても理解はできる

相手が怒っていることは理解できますが、同意はしないという姿勢をもつことができるようにもなります。

アンガーマネジメントは、心のコップを大きくするための取り組みでもあります。

自分の考えとは違ったときでも、相手の価値観を、

「私はこう思うけど、そういう考えもあるんだな」

「自分の意見とは違うけど、そういう意見をもつ人もいるんだな」

と、受けとめるようにしていくと、心のコップも大きくなっていきます。

コップが大きくなると、余計なことでイライラしなくなり、無駄な怒りがわいてこなくなりますよ。

Lesson

11 怒りの感情のピークは長くて6秒

怒りがわいたら、6秒は待ってみる

ついカッとなってしまう出来事があると、売り言葉に買い言葉で、衝動的に暴言を吐いたり、感情的に怒鳴ったり、ときには暴力を振るったり…といった衝動が出てしまう場合があるかもしれません。

しかし、**どんなに強い怒りだとしても、怒りのピークは長くて6秒**といわれています。

そこで、**まず最初の6秒をコントロールすることが重要**です。

感情的に発してしまった言動は、相手を傷つけるだけでなく、自分自身にも大きな後悔と罪悪感が残ることでしょう。自己嫌悪に陥ったり、もしかするとそのまま相手と仲違いになるなど、取り返しのつかないことになる可能性も少なくありません。でも、たった6秒間待つだけで、怒りのピークは過ぎ、冷静に対処できるのです。

怒りがわいてきたら、いったん6秒は待ってみましょう。

怒りがわいたときの6秒ルール

カッとなる出来事が起こる

↓

衝動的に行動せず、
6秒間だけ待ってみる

↓

落ち着いて対処できる！

Lesson
12 怒りにみられる5つの性質

怒りについて、だんだんわかってきたでしょうか。
怒りには、次の5つの大きな性質があります。

1 怒りは高いところから低いところへ流れる

怒りには、力の強いところから弱いところへ流れるという性質があります。

例
- 立場、役職が上である人から下の人へ
- 知識や情報を多くもっている人から少ない人へ
- 発言力の強い人から弱い人へ

上の立場の人から怒りをぶつけられたとき、下の立場の人は、なかなか直接相手にぶつけ返すことができません。このように、**怒りは弱い立場へ向けられる傾向があります。**

そして、怒りをぶつけられた側は、ぶつけてきた相手に対してでなく、さらに弱い立場の人へ怒りをぶつけてしまうのです。たとえば、上司にやつあたりされた部下が、妻や子どもに怒りをぶつけるといったように、低いところへどんどん連鎖してしまうのです。

自分の怒りはもちろん、誰かに怒りをぶつけられたとき、さらにそれをほかの誰かに連鎖させないことが大切です。

2 怒りは伝染する

情動伝染という言葉があります。

「うれしい」「楽しい」「悲しい」といった気持ちも含め、感情は周囲に伝染するという意味です。とくに、**怒りは強いエネルギーをもつ感情であるため、ほかの感情よりも伝染しやすい**性質があります。

近くでイライラしている人を見たとき、こちらまでイライラしてしまうことはありませんか？

例

イライラして貧乏ゆすりをする人、舌打ちをする人、パソコンを乱暴に扱う人、愚痴や不満を人に聞こえるように言っている人など

こんな人に直面しても、相手のイライラが伝染してこちらまでイライラしないこと、自分自身が次のイライラの発信源（震源地）にならないことを意識したいですね。

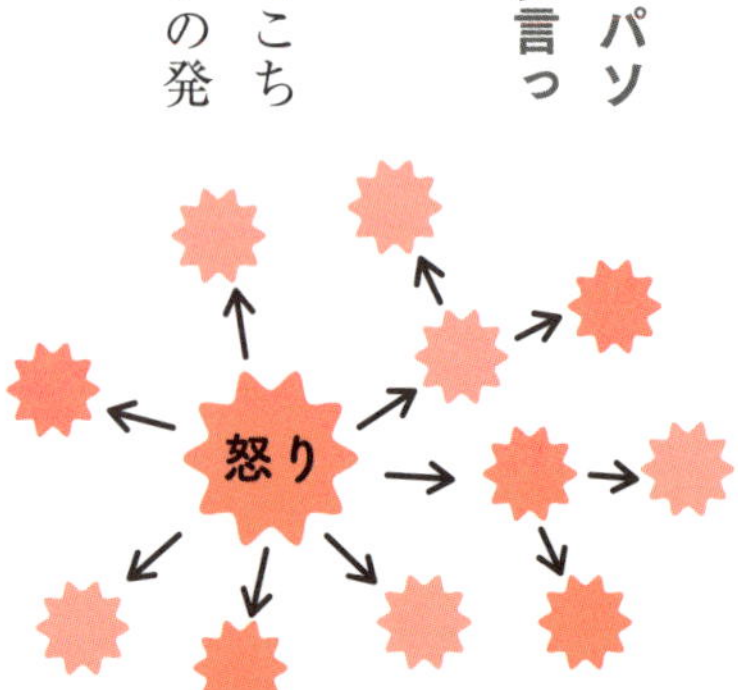

3 身近な対象に対してほど強くなる

怒りには、身近な対象に対して強くなるという性質もあります。これは「長く一緒にいる相手のことはコントロールできるのではないか」という思い込みを抱きやすくなるからです。

身近な相手に対して次のようなことを思ったことはありませんか？

「長く一緒にいるんだから、私がしてほしいことはわかって当たり前」

身近な相手には、期待が高くなり、甘えも生じやすくなります。そのため、相手に怒りが向きやすくなり、怒りの程度も強くなってしまうのです。

- **長く一緒にいても、自分とは違う人間**
- **違う「べき」をもっている**
- **身近な相手でも、言わなくてはわかってもらえない**

大切な相手だからこそ、このことを知っておきたいですね。

4 あちこちにぶつけてしまうことがある

イライラして、人にやつあたりをしてしまったということはありませんか。

例

- **上司に感情的に怒られてイラッとした。そのイラ立ちを上司ではなく、家族や友人にぶつけてしまった、SNS**

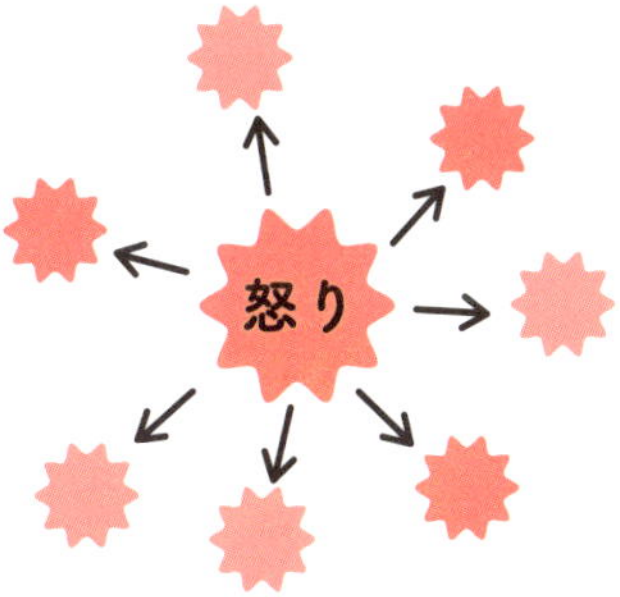

で怒りをぶちまけてしまった…

こんなふうに、怒りをまわりにぶつけてしまうと、「あの人は厄介な人だ」「近寄らないほうがいい」と、どんどん孤立してしまうことに…。

怒りをあちこちにぶつけないためには、次のことを心がけたいですね。

●やつあたりしそうになる前に、「関係ないところに怒りをぶつけても仕方ない」と自分に言い聞かせる

●スポーツや趣味など、ほかに発散できることを見つけて打ち込む

●謝れる相手なら、怒りをぶつけてしまったあとに「ごめんなさい」と謝る

こういったことを心がけるだけで、感情的にならない気持ちのいい人だと思ってもらえます。

5 行動を起こすモチベーション（きっかけ）にもなる

あなたは、バカにされて「なんだと⁉」と怒りを覚えたことがありませんか。

怒りをバネにして何かを達成したことがある経験が、一度はあるのではないでしょうか。

このように、怒りは目的に向かって行動するためのプラスのきっかけになることもあるのです。

せっかくなら、怒りを建設的な行動に結びつけたいですね。

Part 3
怒りはこうとらえよう

Lesson 1 怒りの原因ってなんだろう？

怒りの原因はその人のゆずれない価値観＝「べき」

怒りの感情を抱くとき、

「私がイライラするのは高圧的な上司のせい」
「ミスを繰り返す部下のせい」
「言うことをきかない子どものせい」
「あのときあんな思いをしたせい」
「給料が安いせい」

と、怒りの原因を、何か、誰か、出来事のせいにする人がいます。

でも、原因はそこにはありません。

怒りの原因は、「自分自身のゆずれない価値観＝べき」からきています。

まず怒りは、自分の期待、理想が裏切られたとき、そのとおりにならなかったときに生まれる感情です。その理想や期待を象徴する言葉が「べき」です。

私たちを怒らせる正体「べき」

怒りは、自分の期待・理想が
裏切られたときに生まれる感情

理想・期待を象徴する言葉が「べき」

「べき」は「ゆずれない価値観」「信条」に
言い換えられる

「べき」は「ゆずれない価値観」「信条」と言い換えることもできます。

あなたは「○○であるべき」「○○するべき」と思うことはありませんか？

生きている間にさまざまな経験を通してできた「べき」、ときには育った家庭のしつけなどからできた「べき」もあるでしょう。

それが誰にでも通じる「常識」であり、「当たり前」だと思ってしまうことはありませんか？

じつはこれが落とし穴です。そもそも**人それぞれの「べき」があるため、なんでもすべて自分が思ったとおりになるということはありません。**

そのため、「えっ⁉ なんで⁉ ○○であるべきなのに…」と怒りが生じてしまうのです。

Lesson 2

「べき」は人それぞれ違う

自分にとっての当たり前が、他人にとっての当たり前とは限らない

自分にとっては頭にくることでも、相手にとってはそうではないということはよくあります。

自分にとっての「べき」が裏切られたとき、「普通は○○するよね⁉」「これって当たり前だよね⁉」と言って怒る人がいますが、自分にとっての「当たり前」と相手にとっての「当たり前」は違っていることが多いのです。

この「べき」に正解、不正解はありません。

たとえば、あなたが「嘘はつくべきではない」と思っているとします。**長年信じてきたあなたの「べき」はあなたにとっては真実なので、信じていていい**のです。ただし、**すべての人にとっての真実ではないことも、ぜひ知っておいてください。**

怒る理由

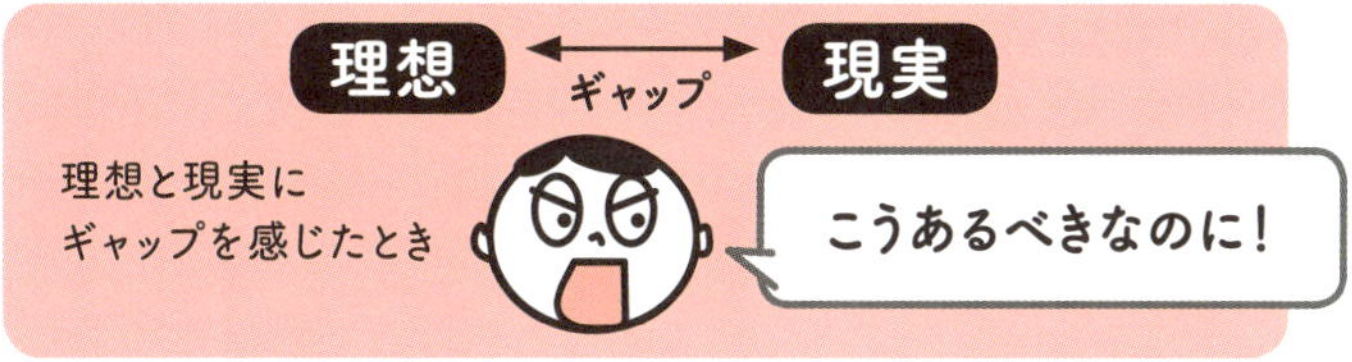
理想
ギャップ
現実
理想と現実に
ギャップを感じたとき
こうあるべきなのに！

- デートのときは男性がおごるべきなのにおごってもらえなかった
- 電車は降りる人が優先されるべきなのに、先に乗ってきた
- 着信があったら、かならずかけ直すべきなのに、かけ直してくれなかった

↓

「べき」が破られたときに怒りが生まれる

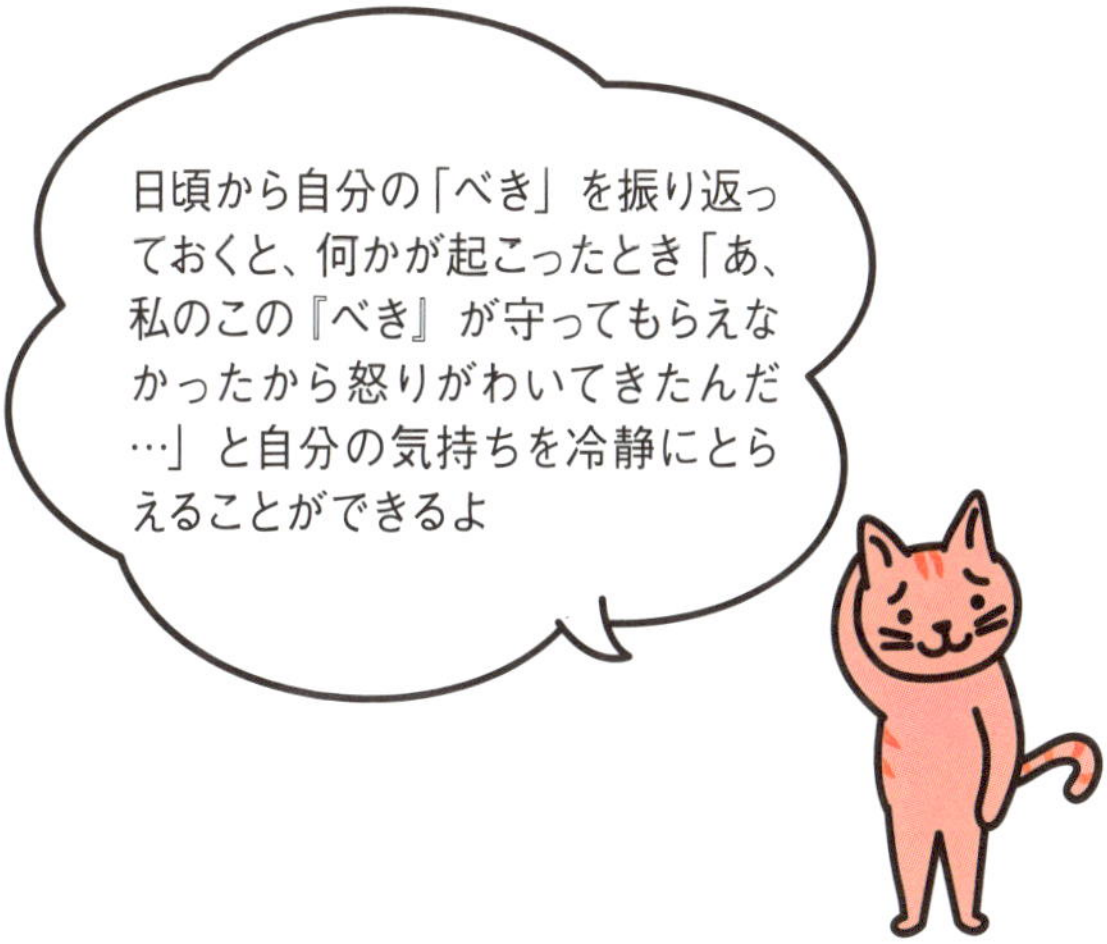
日頃から自分の「べき」を振り返っておくと、何かが起こったとき「あ、私のこの『べき』が守ってもらえなかったから怒りがわいてきたんだ…」と自分の気持ちを冷静にとらえることができるよ

Lesson 3

「べき」の程度も人それぞれ違う

程度が違うことも怒りの原因になる

「挨拶はするべき」「時間は守るべき」「順番は守るべき」など、多くの人が抱く「べき」もあります。でも「べき」には、人それぞれに「程度」が違うという特徴もあります。

たとえば、「挨拶はするべき」で例をあげましょう。

職場に来客があった場合、同じ「挨拶をするべき」でも、人によってこんな違いがあります。

- **「お客さまにはかならず自分から先に挨拶する」と思っている人**
- **「お客さまと目が合ったら挨拶をする」と思っている人**
- **「お客さまの相手をする人が挨拶をすれば自分はしなくていい」と思っている人**

来客にはかならず自分から挨拶するべきだと思っている人にとってみれば、自分か

お互いの「べき」は、こうすり合わせよう

何をどうしてほしいか明確に伝える

ら挨拶しない人に対して「なんで挨拶しないんだ！」という気持ちがわいてきます。

こんなふうに、同じ「挨拶はするべき」という価値観でも、お互いの感じる程度に違いがあると、「えっ⁉ なんで⁉」と怒りが生まれることがあるのです。

このように「程度に違いがあるなぁ…」と感じたときには、

「お客さまが来たら、自分から先に挨拶してほしいんだ。もし気がつかなかったとしても、せめて目が合ったら挨拶はしてね」

と明確に伝えておくようにしましょう。

あなたがどのような「べき」を持っていて、「どの程度」望んでいるのか、それは周囲の人と同じ程度か、これをお互いに明確に伝え合うようにすれば、ズレがなくなっていきます。

Lesson

4 「怒る」「怒らない」の境界線を明確にしよう

境界線を明確にすることで、こちらの価値観が伝わる

前ページで、「べき」は人それぞれに違うということをお伝えしました。

人間関係を築くとき、**自分にとって何がOKで何がNGなのか、境界線がはっきりしていると、「私は○○を大切にしています」ということを相手に伝えやすくなります。**

そうすれば、こちらがイヤだと思っていることに対して、相手から踏み込まれることもぐっと減ります。

境界線をはっきりさせるということは、「怒る」「怒らない」をはっきり分けるということです。では、「挨拶をするべき」の境界線を三重丸で考えてみましょう。

あなたが「来客にはかならず自分から先に挨拶するべき」と思っている場合、一番中心の①は、あなたと同じ「べき」にあたるのでOKの範囲ですね。次の②は、あなたとは少し違うものの怒るほどのことではない範囲です。一番最後の③は、あなたにとってはNGにあたります。

イラッとしたら、「べき」の境界線をチェック

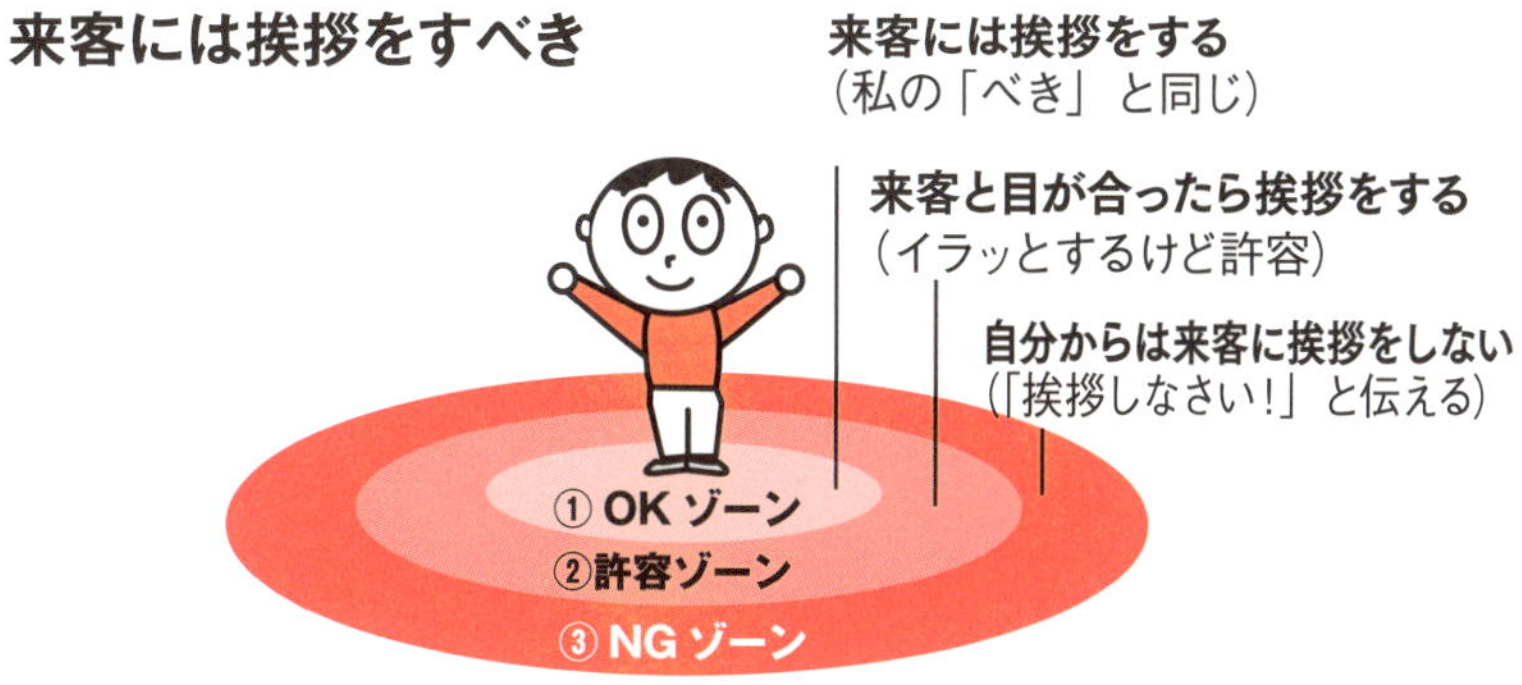

②の許容ゾーンを広げると、イライラが減る！

- 怒るか怒らないかは、それをしないと後悔するかどうかで判断する
- 三重丸の②と③の境界線が、「怒る」「怒らない」の境界線

このとき、どんな判断をすればいいでしょうか。

①か②であれば、怒らなくてもいいでしょう。でも③の場合は「怒る」＝相手に「○○してほしいんだ」と伝えたほうがいいですね。

なかには、三重丸で考えたとき、どこに入るのか迷ってしまうという人もいます。判断するときには、**言うか言わないかで後悔するかどうかを基準にしましょう。**

①の「怒らない」と判断して、あとで「言っておけばよかった…」と後悔すると思うなら③に入るので、あなたの気持ちを伝えるようにしましょう。

③の「怒る」と判断したとき、あとで「やっぱり言わなければよかった…」と後悔するようなら②にして、「こういうこともあるなぁ」と受けとめるようにしましょう。

怒ると決めたことには適切な怒り方ができる、怒らなくていいことには怒らなくてすむようになる――。そのためには、怒る・怒らないの境界線（「べき」の許容範囲）を、あなた自身が明確にすることが大切です。

境界線を判断するときのポイント

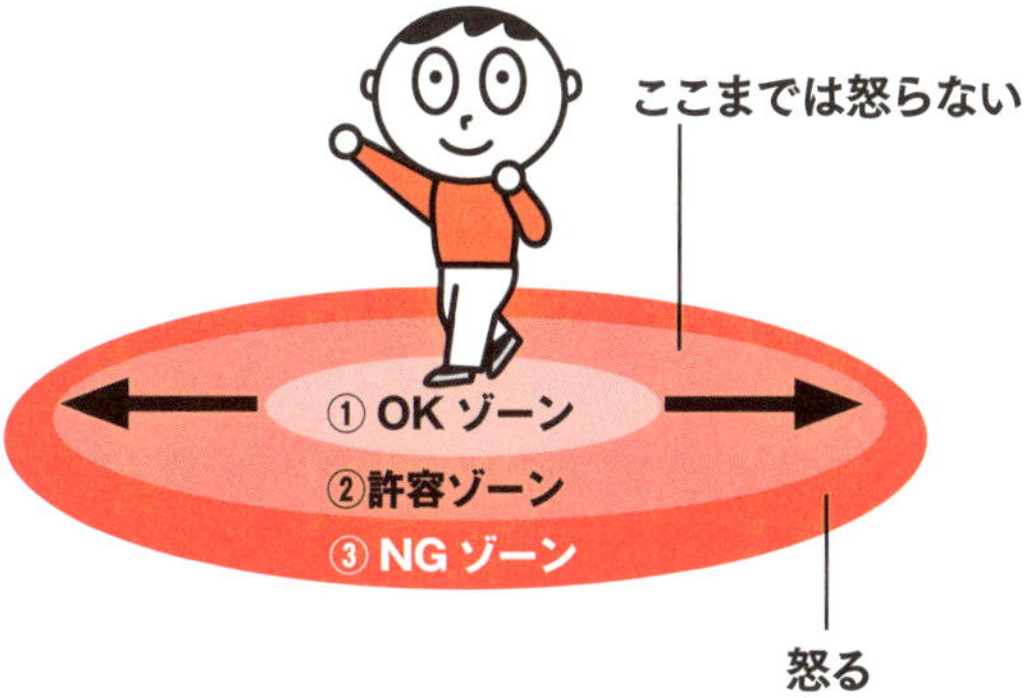

- 言わないと後悔するなら怒る
- 言ったら後悔しそうだと思ったら怒らない

Lesson

5 境界線を伝える努力をしよう

何をどうしてほしいか具体的に伝える

人と関わるときには、何を大切にしているのか、何をしないでほしいのかを相手に伝えておかなければ、いつまでもわかり合うことができません。

家族や親しい間柄の人の場合は、とくに「こんなことを言わなくてもわかるよね」「言わなくてもわかって当たり前だよね」と、思い込んでしまいがちです。

いくら家族であっても、わかるように言わなければ、伝わりません。

では、いざ伝えるときには、どこを気をつければいいでしょうか。

それには、誤解なく受け取ってもらえるように、具体的に伝えることです。

たとえば「ちゃんと」「しっかり」「少しは」といったあいまいな表現はおすすめできません。

「ちゃんとやってよ」では、どこまでどうすればいいか、相手にはわからないままだからです。「5分前には待ち合わせ場所に来るようにしてね」「朝のゴミ出しと、食器洗いはやってほしいの」と、何をどうしてほしいのか、誤解なく伝えるようにしましょう。

長くつき合う相手には、とくに境界線を具体的に伝えて共有しておくことで、ズレがなくなっていきます。

境界線を言葉にして伝えよう

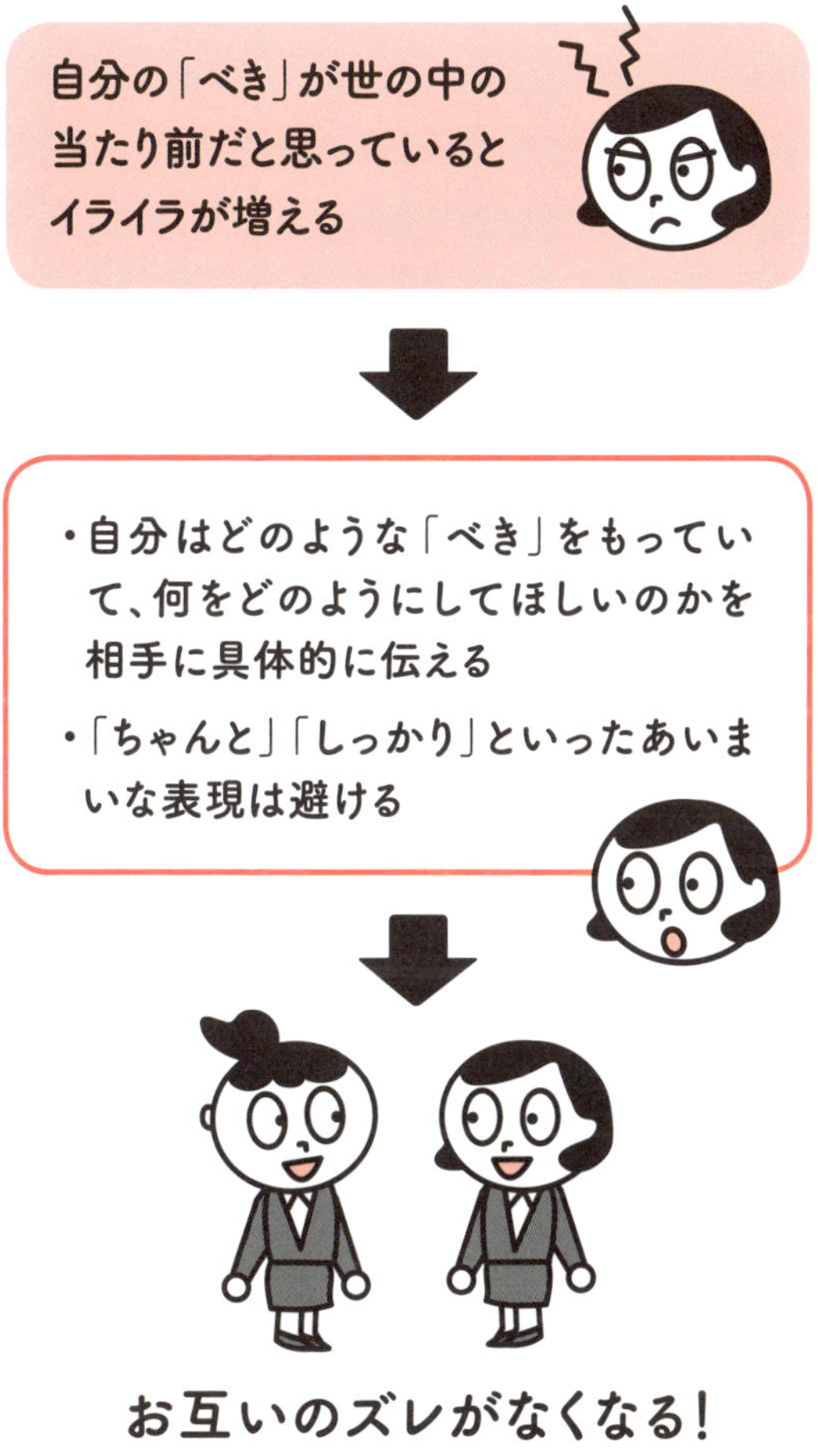

自分の「べき」が世の中の当たり前だと思っているとイライラが増える
・自分はどのような「べき」をもっていて、何をどのようにしてほしいのかを相手に具体的に伝える
・「ちゃんと」「しっかり」といったあいまいな表現は避ける
お互いのズレがなくなる！

Lesson

6 境界線を広げる努力をしよう

相手にも「ゆずれない価値観＝『べき』」があることを受け容れよう

あなたにもゆずれない「べき」があるように、相手にも、大切にしている「べき」があります。

ゆずれない「べき」が多く、「私の『べき』が正しいんだ！」とこだわりすぎると、「あの人は頑固で厄介な人だ」と思われ、相手とわかり合うこともできず、さらに「絶対こうするべきなのに！」とイライラが増えていくだけです。

この話をすると、「相手に合わせろっていうんですか？」と誤解されることがありますが、決してあなたの「べき」をなくしたり、相手の「べき」に合わせなければいけないわけではありません。

あなたと相手の「べき」が違ったときには、どちらが正解、不正解か、勝ち負けにこだわるのではなく、相手がどうしてその「べき」を持っているかに目を向けるようにしてみましょう。

境界線はこう広げよう

**自分の「べき」の許容範囲が狭いと
イライラしがちになる**

↓

- **ほかの人にも同じ「べき」があるかどうかを確かめる**
- **こちらの「べき」を相手が本当に知っているのか確認する**

↓

**これをしていると、許容範囲が広がり、
イライラが軽減する！**

たとえば、相手が「電車の中では化粧をするべきではない」という価値観をもっているとします。

そのとき、「どうしてそう思うの？」と聞いてみたら、「隣の女性が化粧をしていて、スーツにファンデーションをつけられちゃったことがあるんだ」という答えが返ってきました。

このように**理由がわかると、相手ならではの事情もわかって、「そういうことならそう思うよね…」と寄り添うことができます。**同時に、相手も「わかってもらえた」と感じることで、あなたの「べき」にも耳を傾けてくれやすくなります。

こういったやりとりをするなかで、自然に歩み寄りができるようになり、いい関係を築いていけるようになるのです。

Lesson 7

「べき」の境界線を安定させよう

気分によってコロコロ変えると相手を戸惑わせてしまう

あなたにとっての「べき」が明確になったら、その境界線をコロコロと変えないことが大切です。どういうことでしょうか。

たとえば、上司が、自分の気分がいいときには、部下がお客さまに自分から挨拶しなくても怒らなかったのに、機嫌が悪い日には「ちゃんと自分から挨拶しろよ！」と怒鳴ったとします。これをされると、部下はどう感じるでしょうか。

「今日は機嫌が悪いからやつあたりされたんだ」ととらえてしまいますね。

そうなると、単に「感情的な人だ」としか感じてもらえなくなり、何に怒っているのか、何をどうしてほしいのかが相手にまったく伝わりません。

このように、**気分によって言うことを変えてしまうと、相手に不信感を抱かれる原因になってしまうので、一度決めた境界線は、コロコロと変えないように意識したいですね。**

気分によって態度を変えてしまうと…

部下に「お客さまには
自分から挨拶するべき」と
伝えたくて叱る場合

↓

気分によって怒るとき、
怒らないときがある

↓

相手から不信感を
抱かれる原因に

**境界線の広さを、自分の機嫌によって広くしたり、
狭くすることのないようにする！**

Lesson

8 怒りをため込む前に対処をしよう

見て見ぬふりをして怒りをため込むと、爆発する原因に…

身体がこっているのに長い間放っておいた結果、気づいたときには取り返しがつかないほど硬いコリの芯ができてしまっているということがあります。

感情も同じです。怒りの感情があることに気づかないでいたり、気づいても見て見ぬふりをしていると、誰もほぐせない強い怒りの芯ができてしまっていることがあります。

「こんなことで怒りを感じている自分って、人間として小さいのかな、おかしいかな」と怒りを感じているのにフタをしてしまっていることはありませんか。

こんな例があります。「もうこんな仕事はイヤだ！」という40代女性会社員の話です。話をよく聞いてみると、仕事そのものがイヤというわけではなさそうです。

ある部署のチームリーダーに抜擢されたのですが、部下がなかなか思うとおりに仕事を覚えてくれず、ミスが続いたといいます。

それを上司が彼女の指導が悪いからだと決めつけ、部下自身にも問題があることには目を向けてくれないのがイライラの始まりになった様子。それからは、部下がミスをするたびに上司から彼女が怒られ、相談にものってもらえない。それが重なった結果、全身に痛みを感じるようにもなり、「もう仕事がイヤ！」になったというのです。

「部下が仕事を覚えない理由はいろいろあります。私の言い分も聞いていただけないでしょうか」と冷静に訴えていれば、問題は大きくならなかったかもしれません。

自分の怒りに鈍感な人のほうが、たまりにたまってシコリを大きくし、ぶち切れてしまったり、ひどいときには身体にまで影響して変調をきたしたりしてしまいます。

怒りは感じていいのです。

何に怒りを感じているのか、どうしてほしいのか、言葉にする習慣をもちたいですね。

Part 4

怒りはこう扱おう

Lesson

1

原因や過去より「どうなりたい?」という解決策、未来に焦点を当てよう

過去や原因にとらわれても苦しくなるだけ

物事には、過去や原因にとらわれる考え方と、解決策や未来に目を向ける考え方があります。それぞれにどんな違いがあるのでしょうか。

まず、過去や原因にとらわれた人の思考回路を見てみましょう。

高校受験を控えている子どもの成績が悪いとします。その原因を親が小学校の先生の教え方が悪かったせいだととらえていたらどうでしょうか。

この場合、こんな気持ちが次々とわいてきます。

「先生はなんであんな教え方をしたんだろう!」

「どうしてちゃんと教えてくれなかったんだろう!」

「なぜ、あの先生が担任になってしまったんだろう」

「あのとき担任をほかの先生に替えてもらうよう働きかければよかった!」

でも、いまさら小学校時代の先生を替えることはできません。

悪い例

子どもの成績が悪い
（高校受験を目指している中学生）

原因 ↓

小学校時代の先生の教え方が悪かったから

でも ↓

小学校時代の先生は
いまさら替えてもらえない…

過去にああすればよかったと悔やんでも、先生や学校のせいにしても、何の問題解決にもならずに、イライラが募るだけです。

未来に目を向けると、解決策がどんどん浮かんでくる！

それに対して、解決策や未来に目を向けた人はどう考えるでしょうか。

いまの状況を受けとめたうえで、まずはどうありたいかを考えます。

たとえば、目指す高校に合格するということが目標なら、そのために何をすればいいか考え、現状と理想との間にあるギャップを埋める行動をします。

子どもに合った新しい塾を探したり、苦手科目を克服するために家庭教師を探したり、一緒に計画を立てたり…と、次々と目標を叶えるためにしたほうがいいことが浮かんできます。

このように、**未来に目を向けるようになると、どうにもならないことへの怒りに振りまわされなくなります。**その結果、問題解決のほうに意識が向いて、現実を変えていくことができるのです。

いい例

子どもの成績が悪い
（高校受験を目指している中学生）

↓ 未来

希望の高校に合格したい

↓ 解決策

- 子どもに合った塾を探す
- いまの弱点を洗い出す
- 苦手分野を平均点までとれるように家庭教師をつける
- 一緒に計画を立てる

↓ そうすると

学力が上がる！

Lesson

2 怒りを表す言葉（語彙）を増やそう

言葉の数が少ないと、相手に気持ちが伝わらない

怒りにはさまざまな程度があります。ちょっとイラッとしたくらいの軽い程度の怒りや、胸がムカムカするような怒り、頭に血がのぼって、手がわなわな震えるような激しい怒り…など。

日本語には怒りを表す言葉はたくさんあります。ところが、程度に関係なく、どんなときにも同じ言葉で怒りを表現している人が多いのです。

たとえば、どんなときでも「ムカつく！」としか表現しなかったら、相手にはどの程度の怒りなのかが伝わりませんね。

言葉の数が少ないと、激しい怒りになりやすい

言葉が少なくて相手にうまく伝わらないと、「なんでわからないんだ！」という思

いから、怒りがどんどん強くなり、「このやろう!」と暴力的な行為につながる可能性が高くなってしまいます。

逆に、たいした怒りではないのに、強い言葉を使うことで、気持ちまで追いついて怒りが強くなってしまうこともあるのです。

ある企業での話を例にあげましょう。

上司が職場で部下を叱るとき、すぐに「殺すぞ!」という言葉を使っているとのこと。非常に強い言葉ですね。メールに誤字があったときや、報告書の提出期限が遅れたときでも「殺すぞ!」と口ぐせのように言うそうです。

「殺すぞ!」という言葉は、かなり怒りが強いときの言葉です。

たいしたことのない怒りでも、このような強い言葉を使うことで、「やってやるぞ!」という強い気持ちを引き起こしてしまうのです。

言われる側も、強い言葉に怯えてしまったり、反発してしまったりします。

このように、言葉の数を知らないことで、人との関係を壊してしまうこともたくさんあるのです。

Lesson 3

言葉の数がたくさんあると相手に伝わりやすくなる

言葉の引き出しを増やそう

前の項目でお話ししたとおり、怒りの程度に合った言葉を使わないと、相手に、どの程度の怒りだったのかが伝わりにくくなってしまいます。

カッとなった瞬間は言葉が思い浮かばなくなりがちです。自分の怒りが適切に伝わるように、日頃から言葉の引き出しを増やしておきましょう。

日頃から、怒りを感じたとき、「これに当てはまる言葉、表現はなんだろう?」と言葉に敏感になっておくのがおすすめです。

たとえば、電車に乗ろうとしたときに、後ろの人に割り込まれたとしたら、「いま、頭にきた程度かな」「はらわたが煮えくり返る!」「なんだかムカムカする」など、自分の気持ちを心の中で言葉にしてみます。

言葉をたくさんもっていると、どの程度の怒りなのかが相手に誤解なく伝わるようになりますよ。

怒りを表す言葉

激怒、憤怒、激昂、癇癪、立腹、怒気、むくれる、むっとする、へそを曲げる、かっとなる、怒りが込み上げる、気に障る、カリカリする、むしゃくしゃする、うざい、腹を立てる、立腹する、憤《いきどお》る、胸くそが悪い、目くじらを立てる、業を煮やす、地団駄を踏む、腹にすえかねる、語気を荒げる、ガミガミ言う、ぷりぷりする、湯気を立てて、怒り心頭に発する、腹の虫が収まらない、逆鱗に触れる、怒りを爆発させる、烈火のごとくに、かんにん袋の緒が切れる、腹わたが煮えくり返る

Lesson 4

お互いの言い分や立場を大切にした伝え方をしよう

人は3つのタイプに分かれる

会話上手な人たちは、お互いの言い分や立場を尊重した伝え方を心がけています。率直に正直に、自分の思いをその場に合わせて伝えることを、アサーティブコミュニケーションといいます。このとき、相手と対等な立場で関わり、相手の言い分も受け入れる姿勢をもつことも大切です。

コミュニケーションをとるときに、人は3つのタイプに分かれます。

●攻撃的なタイプ…相手を抑えて自分を通す
●受け身なタイプ…自分を抑えて相手ばかり立てる
●伝え上手タイプ…自分の意見も伝え、相手の意見も受けとめる

あなたはどのタイプにあたるでしょうか？

次ページ以降で詳しく解説します。

アサーティブコミュニケーションとは

- 自分の思いを、率直に、正直に、場に合わせて伝える

- 相手と対等に向き合う
- 相手の言い分にも耳を傾ける

そんな関わり方のこと

Lesson

5 攻撃的なタイプ

相手を抑えて自分を通すタイプ

攻撃的なタイプは、相手の言い分より、自分の言い分を通そうとします。

コミュニケーションのクセ

- 自分の言いたいことを一方的に言ったり、相手を追い込んだりする
- 上から目線でものを言ったり、感情的になることがある
- 相手の気持ちを無視して、自分の言い分を押しつけることも
- 思い通りにならないと、まわりにやつあたりする

このタイプの人の行動グセ

- 相手より、自分が上に立とうとする
- 勝ち負けで物事を決めようとする
- 相手に後味の悪い思いをさせることも…

攻撃的なタイプの口ぐせ

一方的

あなたっていつも、手伝いもしないで自分のことばっかりよね！

威圧的・感情的

口ごたえしないで言うとおりにやってよ！

どうしてあなたは何もわかってくれないの！？

押しつけ

普通こういうときって、こう対応するのが当たり前じゃない!?

理詰め

約束を守るって言っていたよね？　一度言ったことをすぐ変更するなんてありえない！

やつあたり

ドアをバタンと閉める
書類をどさっと置く

（関係ない人に）
「さっさと仕事をしてよ！」「うるさい！」

Lesson

6 受け身なタイプ

自分を抑えて相手ばかり立てるタイプ

受け身タイプは、自分の言いたいことを抑えて、相手の言い分ばかり聞きます。

コミュニケーションのクセ

- 自分の思いを言えずに終わる
- いいわけがましかったり、遠回しに言う
- 「いまちょっと忙しくて難しそうなんですけど…」と、言葉の最後まで言わない
- 我慢が重なると、爆発することもある

このタイプの人の行動グセ

- 意見を言わず、波風を立てないようにする
- 「わかってもらえない…」という思い込みをもっている
- 「こんなにやってあげたのに…」という恩着せがましい気持ちをもつことも

受け身タイプの口ぐせ

意見の言い損ない

（心の中で）どうせわかってもらえないんだろう

いいわけ

こんなことを言うのは私のしたいことではないのだけれど…

遠回し

本当は言うのをどうしようか迷っていて、あの、これは私だけが思っているわけではないんだけど…

言葉の最後まで言わない

大事なことはすぐに報告してくれたほうがいいんだけど…

我慢の爆発

なんで私ばっかり我慢しなきゃいけないんですかっ!?

Lesson

7 伝え上手タイプ

お互いの言い分・立場を大切にする

伝え上手タイプは、先ほど紹介したアサーティブコミュニケーションができている人たちです。お互いの言い分、立場を大切にした対話を心がけています。

コミュニケーションのクセ

- 自分の思いを率直に、正直に、その場に合わせて表現する
- 相手の意見を受けとめて話し合える
- 相手に歩み寄り、お互いにとって気持ちのいいコミュニケーションを大切にする

このタイプの人の行動グセ

- 本当に伝えたいことを、具体的でシンプルに伝える
- 相手と会話のキャッチボールをしながら、一緒に問題解決していく

伝え上手タイプの口ぐせ

率直に正直に表現

そう言われると、正直なところ、私も戸惑っちゃうな

楽しみにしていた約束を破られると悲しいんだ

相手の意見を受けとめた話し合い

○○さんはそう考えているんだね。私はそれに対してこう思っているのだけど、どうかな？

歩み寄り

代わりにこういう案もあるけど、検討してもらえないかな？

意見を出し合って、お互いにとって無理のないやり方を決めようよ

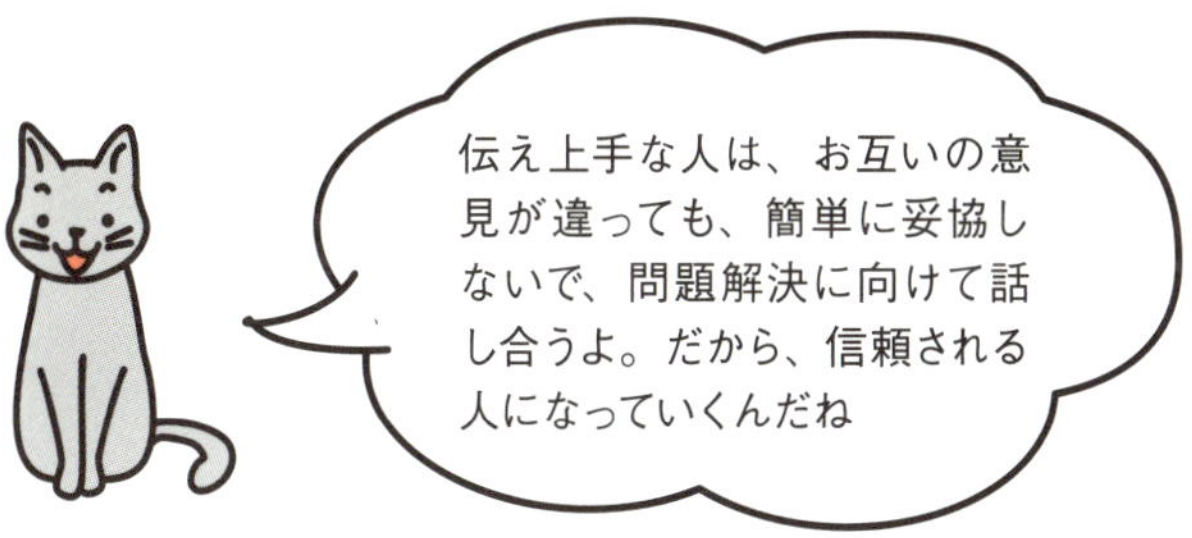
伝え上手な人は、お互いの意見が違っても、簡単に妥協しないで、問題解決に向けて話し合うよ。だから、信頼される人になっていくんだね

Lesson

8 「決めつけ」「オーバーな表現」「責めること」はしない

伝え方が悪いと相手に反発されてしまう

怒りを表現するとき、次のようなことに注意しましょう。

決めつけたり、オーバーに言ってしまったりすると、本当にわかってほしいことを、相手に理解してもらえなくなってしまいます。それぞれ例にあげましょう。

●決めつけ・レッテル貼り

決めつけた言い方をすることで、相手の反発を招きやすくなる

「遅刻ばっかりして、○○さんって人間としてだらしない人だよね」

「こんなこともできないなんて、この仕事が向いてないんじゃないの⁉」

「同じミスを繰り返してるんだから、また次のテストも同じことをするに決まってる！」

「○○さん、私のことが嫌いだからそんなことするんだよね⁉」

●大げさに言う

大げさに言ってしまうことで、相手が聞く耳をもたなくなる

「私ばかりがなぜ、こんなことをしなくてはいけないの！」

「あなたっていつも約束を破るよね」

「○○さんって、絶対に言うことを聞かないよね」

「全部、○○さんのせいだからね！」

●責める

責めることで、相手を追い詰めてしまう

「あなたって最低だよね！　なんでいつもそんなことするのかな‼」

「あなたがちゃんとやってくれさえすれば、こんなことにならなかったんだよね！」

Lesson
9 悪い叱り方をしない

やってはいけない4つの叱り方

あなたは、「叱ること」の目的はなんだと思いますか?

本来の目的は、相手の成長を願って、相手に意識と行動を変えてもらうことです。同時に、次のチャンスも与えます。

ところが、実際は、自分の「○○であるべき」、組織の「○○であるべき」が守られないときに怒りの感情をもって叱ってしまう場合が多いのです。

そのため、叱ることの本来の目的を忘れて、相手を叩きのめしたり、立ち直れなくさせてしまう人がいます。これでは、相手との関係が悪化してしまうだけです。

そうならないように、次のような叱り方はやめましょう!

自分の機嫌次第で叱る

こんなことをしがち

● 自分の機嫌がいいときは見過ごして何も言わない
● 機嫌が悪いときに感情的に叱る

相手が感じること

● 叱られた側は機嫌が悪いからやつあたりされたとしか思えない
● 何について叱られたのか、どうすればいいのかがわからない
●「いま、機嫌が悪いんだ」「面倒くさい人だ」と思われてしまう

過去を引っ張り出す

こんなことをしがち

●「前にもこんなことがあったよね。ほら、1カ月前だって…そう考えるともう5回目だよね?」と、過去のことを引っ張り出し、どれだけ相手が悪いかを証明しようとする

●「前から言おうと思っていたけど、この際だから言うね！」という言い方をする

相手が感じること

●追い詰められてげんなりする

●「そんなに昔から思っていたんだったら、そのとき言ってよ！」と思ってしまう

原因を追及する

こんなことをしがち

●「なんでこんなことをしたの？」「なぜこんなことになったの？」「なぜ言ったとおりにやらないの？」と「なぜ？」を連発する

相手が感じること

●「責められた」と感じる

●3回以上「なぜ？」と言われると、追い詰められて思考が停止する

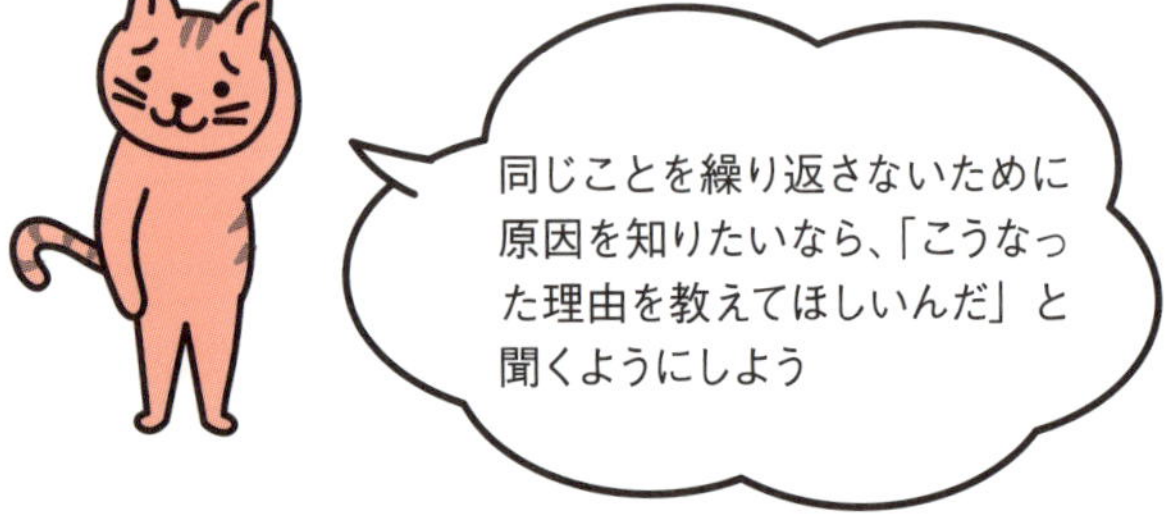
同じことを繰り返さないために原因を知りたいなら、「こうなった理由を教えてほしいんだ」と聞くようにしよう

人格を否定する

こんなことをしがち

●「バカじゃないの?」「役に立たない人ね」「どうしようもない人ね」など、してしまったことではなく、その人の存在そのものを否定するような言い方をする

相手が感じること

●傷つきやすい相手なら、心に深く傷を負う

●ケンカに発展したり、修復不可能になってしまうことも…

これらの4つの叱り方は、こちらの思いが伝わらないばかりでなく、相手を傷つけてしまうので、ぜひ避けたいですね。

Lesson 10 叱るときには3つを意識する

1 何を一番言いたいのかはっきりさせる

叱るときには、まず、何について叱っているのか明確にしましょう。

「部屋が散らかっているから片づけてよね。だいたい、脱いだものも脱ぎっぱなしでだらしないし、言ったこともすぐにやらないし、そういえばこの前も…」と、話しているうちに何が言いたいのかわからなくなってしまうことがあります。

何について叱っているかがわからなくなってしまうと、相手も何を言われているかがわからず、ただ「感情をぶつけられた」としか思えなくなってしまいますね。

「部屋が散らかっているから、片づけてね。そうしないと、何がどこにあるかわからなくなるでしょ」

と、何をどうしてほしいのか、明確に伝えるようにしましょう。

言いたいことをはっきりさせるときのルール

1 一番言いたいことを1つ決める

部屋を片づけてほしい

2 こうしてほしい＋理由を伝える

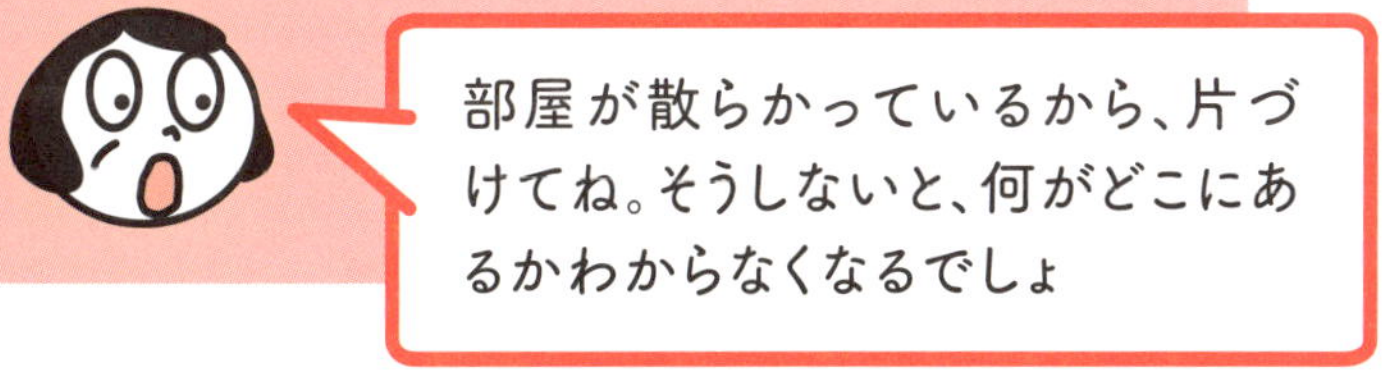
部屋が散らかっているから、片づけてね。そうしないと、何がどこにあるかわからなくなるでしょ

3 感情的にならずに伝える

2 叱るときの基準をはっきりさせる

2点目に大切なことは、叱るときの基準をはっきりさせることです。

前にもお話ししましたが、自分の気分によって、叱る、叱らないがあってはいけません。相手がこちらの機嫌をうかがって動くようになってしまいます。

仕事でも家庭でも、「これを守らなかったら注意をする」というルールをはっきりさせておきましょう。

たとえば、

- **会議は開始5分前に着席する。少しでも遅れたら注意をする**
- **食事後にお皿を下げて水につけていなかったら注意をする**
- **使っていない部屋の電気をつけっぱなしのときは注意をする**

など、例外がないように心がけ、関わる人たち全員で共有しておくことが大切です。

叱るときの基準をはっきりさせるときのルール

1 そのときの気分によって変えない

「機嫌がいいときは怒らない、機嫌が悪いときは怒る」では×

2 人によって変えない

言いにくい相手には言わない、言いやすい相手にだけ言うのは×

3 関わる人たちの間でルールを共有しておく

例外が出ないよう、関わる人たちは全員知っておく

3　何のために叱っているのか、目的をはっきり伝える

3点目に大切なのは、叱る際には、「なぜ」、「何のために」叱っているのか、その目的をはっきりさせてから伝えることです。

「なぜ」という理由がわからないと、人は自分から行動しないものです。

「言わなくてもわかるでしょう」「察してよ」と思ってしまう人が意外と多いのですが、それでは相手に伝わりません。

「時間は守ってね！　人として当たり前でしょ。社会人として当たり前でしょう！」

と言われても、相手は反発してしまうだけです。

「書類の提出期限を守ってね。そうしないと、その書類をまとめる人の仕事の段取りにも影響するから。仕事はチームで行っている意識を忘れずにね」

こんなふうになぜそうしてほしいのかを言われたら、次からどうすればいいのか受けとめてもらえますね。

叱ることの目的を伝えるときのルール

1 何のためにに注意するのかはっきりさせる

チーム全員で仕事をするために、書類の提出期限を守ってほしいんだ

2 あいまいなことは言わない

×「同じミスを繰り返さないでね。私まで怒られるし」…相手を混乱させるだけ

3 次からどうしてほしいのかも理由を含めて伝える

書類の提出期限を守るようにしてね。そうしないとその書類をまとめる人の仕事の段取りにも影響するから。仕事はチームで行っている意識を忘れずに取り組もうね

Lesson

11 自分の感情の責任は自分でとろう

感情は、ほかでもない自分が生み出しているもの

研修の場で、よくお話しすることがあります。

それは、自分の感情は、誰かのせい、何かのせいで生まれているものではないということ。同じ経験をして、同じ人に接しても、どう感じるかは人それぞれ違います。

誰かのせいや何かのせいにするのではなく、「自分自身が生み出しているものなんだ」と自分の感情に責任をもつようにしましょう。

自分の考え方、あり方を変えていくことで、今よりもずっと生きやすくなりますし、まわりのせいにしなくなることで、余計なイライラが生まれなくなり、身も心も健康的になります。

いつも機嫌のいい人は、何もかも恵まれているからしあわせなのではなく、自分の感情に責任をもって、イライラしない選択を自分でしているからです。

機嫌のいい自分になろう

1. 怒りを感じたことを、自分以外のまわりのせいにしない
2. どんな感情がわいても、自分の感情に責任をもつ
3. できるだけイライラしない選択をする

毎日がしあわせになる!

Lesson

12

怒りの連鎖を断ち切ろう！

アンガーマネジメントができれば、お互いが責め合うことのない社会になる

「怒りの連鎖を断ち切ろう！」という言葉は、日本アンガーマネジメント協会の理念です。

怒りには身近な対象に対してほど強くなり、連鎖するという性質があります。アンガーマネジメントができないで怒りに振りまわされると、上司から部下へ、親から子へと怒りは連鎖し、大切な人を傷つけることになります。

でも、一人ひとりがアンガーマネジメントを実践できるようになれば、怒りの連鎖を断ち切ることができ、お互いが責め合うことのない、よりよい社会になるのではないでしょうか。

アンガーマネジメントは誰でも取り組めます。年齢、性別、職業、学位に関係なくすべての人が簡単に、シンプルに、繰り返しできるテクニック・メソッドです。

ぜひ、アンガーマネジメントを一緒に始めてみませんか。

怒りの連鎖を断ち切れたら…

1 大切な人を傷つけなくてすむ！

2 お互いを責め合うことがなくなる！

3 苦手な人が減っていく！

よりよい社会になる！

Part 5

怒りがわいたときの対処法

Lesson

1 アンガーマネジメントには対処術と体質改善がある

「対処術＋体質改善」で、怒りとうまくつき合える人になる

アンガーマネジメントを身につける方法には、「対処術」と「体質改善」の2つがあります。アレルギーをイメージするとわかりやすいでしょう。

たとえば、花粉症に悩まされているとします。くしゃみや鼻水、目がかゆい…など、さまざまな症状が現れますね。そんなとき、対処術としては、症状が出ないように薬を服用したり、マスクを着用します。すぐにできて効き目もあります。

一方、花粉症の体質を改善するには、漢方薬やサプリメント、食事改善など、長い時間をかけて取り組むことが必要です。そうすることで、花粉症の症状が出にくい体質になっていきます。

このように、**アンガーマネジメントにも、すぐに効く対処術と、そもそも怒りにくい体質になる体質改善の2つがあるのです。**

「対処術」と「体質改善」の両方を身につけよう

対処術

怒りにまかせた行動をしないためのテクニック

すぐにできて即効性がある

＋

体質改善

怒りにくくするための長期的な取り組み

取り組むことでじわじわ効いてくる

＝

怒りの感情とうまくつき合えるようになる

Lesson 2

習慣化する

怒りを記録する〈アンガーログ〉

アンガーマネジメントの基本となる取り組み

どんなことに怒りを感じたのか、怒りを記録するという方法です。これは、アンガーマネジメントを実践するにあたって、かならずしてほしい取り組みです。

怒ったことを後悔してしまうこともあるので、気分が沈みがちなときには記録せずに、冷静でいられるときに実践しましょう。専用のノートを作ったり、スケジュール帳に書き込んだり、スマートフォンのメモ機能などを活用するのがおすすめです。

効果

●書くことでクールダウンできる
●どんなことに怒りがわくのか、傾向や特徴がわかるようになる
●自分の怒りの元である「べき」がわかるようになる

怒りの記録の仕方

1. その場で、直感的に書く
2. 怒りを感じるたびに書く
3. その場では分析しない

8月7日
場所：職場
出来事：小川課長に「こんなこともできないの?」とバカにされた
思ったこと：ちゃんと見てくれていないんじゃないの!
怒りの強さ：7

8月8日
場所：自宅
出来事:夫に「太ったんじゃないの?」と言われた
思ったこと：夫も太っているのにそんなことを言うなんてデリカシーがない!
怒りの強さ：6

何に怒りを感じたのかを浮きぼりにしたいから、ただ「こんちくしょう!」「バカやろう!」という言葉は控えよう。

103ページの怒りのボキャブラリーを参考にしてみるといいよ

Lesson

3

習慣化する〈べきログ〉

自分にとっての「べき」を書き出す

自分の「べき」を知っておくと、怒りとうまくつき合える

怒りは、自分にとっての「こうあるべき」が期待どおりにいかないときにわいてくるものです。

怒りの元（原因）になる価値観（「べき」）を書き出すことで、自分がどんな価値観をもっているのかがわかります。

効果

- **自分の「べき」を知っておくことで、いざイラッとしたときに、冷静に対処しやすくなる**
- **怒りの感情とうまくつき合えるようになる**

べきログの書き方の例

1 よく怒りがわくことを書き出す

自分の『べき』	低　重要度（10段階評価）　高
人に何かをしてもらったらありがとうを言うべき	1 2 3 4 5 ⑥ 7 8 9 10
職場の飲み会の乾杯はビールであるべき	1 2 3 4 ⑤ 6 7 8 9 10
歩きスマホはするべきではない	1 2 3 4 5 6 7 ⑧ 9 10
食事後に食器は流しに片づけるべき	1 2 ③ 4 5 6 7 8 9 10
朝食は食べるべき	1 2 3 ④ 5 6 7 8 9 10
後輩から先に挨拶するべき	1 2 3 4 5 6 ⑦ 8 9 10
営業は足で稼ぐべき	1 2 3 4 5 6 7 8 ⑨ 10
餃子の中身はキャベツでなく白菜であるべき	1 2 3 4 5 ⑥ 7 8 9 10

ふむふむ。
こんなところに
『べき』を感じて
いるのかぁ

2 自分の怒りの傾向を客観的にとらえられる

Lesson

4

すぐできる 怒りに点数をつける〈スケールテクニック〉

点数をつけることで客観的になる

怒りは目に見えないため、扱いづらく、振りまわされやすいものです。

そこで点数をつけることで、自分の状態がわかって、対処がしやすくなります。

たとえば、天気予報で「今日は35度」と聞けば、「かなり暑いんだな」と判断して、「薄着にしよう」「日傘を持参しよう」、20度を切っていたら、「少し薄い上着を着ていこう」と、対策を考えます。

そのときの気温によって、何をすればいいのか、対処法が変わってきますね。

怒りがわいたときにもこの数値化を活かしましょう。

効果

- **点数をつけることに意識を向けるので、怒りにまかせた行動をしにくくなる**
- **何にどれくらい怒りを感じやすいのか、自分の怒りのクセがわかる**

点数のつけ方

1

電車を降りるとき、乗り込もうとしてきた人が先に押してきた

しかも、ぶつかってきて謝らないで「チッ」と言われた

押し返すのは×

2

頭の中で怒りの点数を思い浮かべる

点数の目安
0…まったく怒りを感じていない状態
1～3…イラッとするが、すぐに忘れてしまえる程度の軽い怒り
4～6…時間が経っても心がざわつくような怒り
7～9…頭に血がのぼるような強い怒り
10…絶対にゆるせないと思うくらいの激しい怒り

3

冷静になる！

Lesson 5

すぐできる 数を数えて気持ちをしずめる〈カウントバック〉

違うことに頭を使うと落ち着く

怒りを感じたとき、頭の中で数を数えます。
それによって怒りにまかせた行動を防ぐことができるようになります。
1、2、3、…と数えるより、100から3ずつ引き、100、97、94…というように、少し考えないといけないような数え方のほうが、怒りにまかせた反応はしにくくなります。また、同じ数え方を続けると、無意識でも数えられてしまうので、たまに変えるとよいでしょう。

効果

●数を数えることに意識が向くので、怒りにまかせた行動をしにくくなる

数の数え方

1
○○さんからもらった貴重なチョコなのに！
2
197、194、191、188…
少なくとも6秒は言い続けるようにします。
3
ふぅー
4
大事にとっておいたチョコなんだよ。だから黙って食べないでほしかったな
ごめん
バカ！
ダメな例
×いきなり弟を怒鳴る

Lesson 6

すぐできる思考をとめる〈ストップシンキング〉

一瞬で気持ちをリセットできる

怒りがわいてきそうになったとき、「ストップ！」と心の中で唱えることで頭の中を真っ白にして思考を停止させ、気持ちをリセットする方法です。

カチンとくることがたびたびあったり、売り言葉に買い言葉の反応をして後悔してしまったことがある人におすすめです。

効果

- **何も考えない瞬間をつくることで、冷静になれる**
- **怒りにまかせた行動を防ぐことができる**

思考のとめ方

1 カチンとくることが起こる
今日はこの資料をまとめてくれるかな
えー、それってぇー私の仕事ですかぁー
ストップ！
2 心の中で「ストップ！」とその場で言ってOK
3 伝えるべきことを冷静に伝える
そうだよ。今日の17時までに○○さんにお願いしたいんだ。よろしくね。じゃあ
はぁ？なに言ってんの！？つべこべ言わずにやってよ！
×怒りで反応しない

Lesson 7

すぐできる

落ち着かせるための言葉を唱える〈コーピングマントラ〉

イラッとしたときに一瞬で心を落ち着かせることができる

人と接していると、ついカチンとくることがありますね。

そんなとき、心が落ち着くフレーズを事前に用意しておき、怒りを感じたときにそれを心の中で唱える方法です。

言葉は、自分が落ち着くものならなんでもＯＫです。「大丈夫、大丈夫」を口グセにする人もいれば、「テクマクマヤコン」と言う人もいます。言いやすくてしっくりくるものを選びましょう。

効果

- **特定のフレーズを自分に言い聞かせることで、気分を落ち着かせたり、客観的になれる**
- **怒りにまかせた行動をしにくくなる**

言葉の唱え方

1

夫の帰宅時間がわからず、食事の仕度をしていなかったら

2

6秒の間に
心の中で自分だけの
言葉を唱える

3

4

怒レベル1 「今回はありあわせのもので作るけど、次からは5時までには連絡して」

怒レベル2 「何か買ってきたら？」「どこか近くで食べてきてもらえる？」

怒レベル3 「何もないのよ。だから今度から連絡をちょうだい」
必要以上に相手を責めると、ケンカに発展してしまう

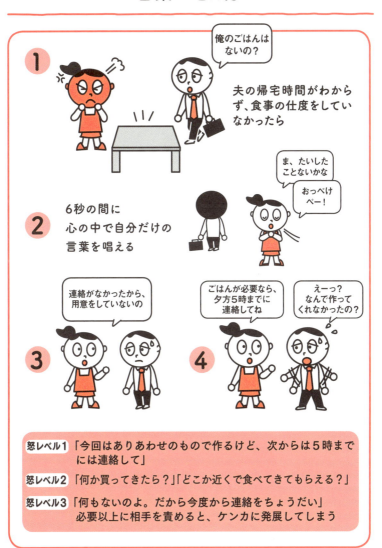

Lesson 8

すぐできる

思考をプラスにする言葉を唱える〈ポジティブセルフトーク〉

気持ちがプラスになる言葉で怒りを吹き飛ばす

自分を元気づけるフレーズを事前に用意し、怒りを感じたときに、それを唱える方法です。

たとえば、姑が掃除の仕方を細かくアドバイスしてきたり、職場の先輩が仕事の段取りの仕方を押しつけてきてイラッとしたり、指示が細かすぎて「うるさいなぁ…」と感じてしまったり…。気持ちを切り替えたいときにおすすめです。

効果

● **一瞬で自分を元気づけることができる**

気持ちがプラスになる言葉の唱え方

1 カチンとくることがあった

2 心の中で言葉を唱える

3 イラッとくる程度によって、言い方を変えてもOK

平然とした顔で

怒レベル1 「はい、わかりました」

怒レベル2 「部長の時代はそうだったんですね。こちらのやり方も聴いていただけますか？」

怒レベル3 それでもおさまらなければ…次ページのテクニックへ

Lesson 9

すぐできる

過去の成功体験を思い出す
〈ポジティブモーメント〉

うまくいった過去を思い出すことで、気持ちが前向きになる

落ち込んだり、イライラしてきたとき、過去の成功体験を思い出して再体験すると、前向きな気持ちになります。過去を再体験することで、これからうまくいくことをイメージするという方法です。過去を振り返るときには、「そのときの感情は？」「考えたことは？」「身体の変化は？」など、詳しくその瞬間を思い出しましょう。

効果

●怒りの感情やストレスをリセットできる（1日の終わりがおすすめ）

モーメント（瞬間）なので、長時間ではなく短時間の体験が◎

× 今日1日仕事がうまくいった

○ 仕事の結果報告を上司にしたら、「よくやった！　よかったじゃないか！」と言われてうれしかった！

成功した過去を振り返る方法

1

**イライラしたり、
落ち込むことがあったとき**

2 **過去の成功体験を思い出す**

3 **前向きな気持ちになる**

4 **成功体験でなく、いい気分になったことを思い出すことでも、心が晴れやかになる**

いくつかの成功体験を日頃から思い出しておくようにすると◎

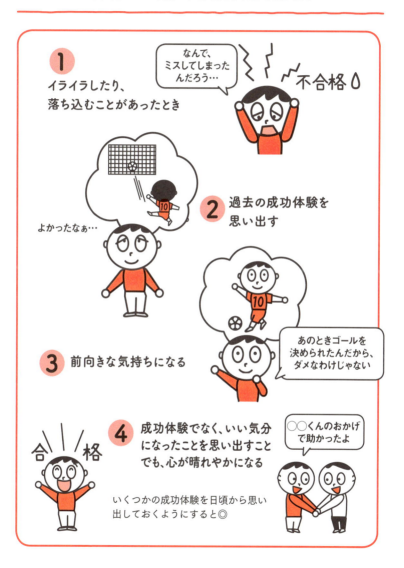

Lesson 10

タイムをとって仕切り直す

すぐできる〈タイムアウト〉

タイムをとることでお互いに落ち着きを取り戻せる

言い争いになって、感情をコントロールできなくなりそうになったことはありませんか？　そんなときに、その場を離れて、いったんリセットするという方法が「タイムアウト」です。

スポーツの試合中、タイムをとった後に、またゲームが再開されるのと同じように、怒った場面でのタイムアウトにも再開があります。この場合、その場を離れるときには戻ってくる時間を伝えましょう。その場に戻る前には、深呼吸、ストレッチ、ヨガ、散歩など、気分が落ち着くことをするのがいいでしょう。

効果

- **怒りをエスカレートさせない**
- **怒りに冷静に向き合うことができる**

タイムアウトのやり方

1

このままでは終わらない…というとき

2

いったんその場を離れる

3

深呼吸や伸びなど、リラックスすることをして、落ち着いたら戻る

4

落ち着いて話し合う

×壁をぶんなぐる
×大声を出す

Lesson

11

習慣化する〈ストレスログ〉
変えられないことを書き出す

ストレスを見える化する

世の中には自分の力ではどうにもならないことがあります。

それに対して、「なんとかならないものか」「なぜ○○はこうなんだ！」と怒っても、余計なストレスをためるだけです。

自分の力でコントロールできるのか、できないのかを見極めて、必要以上の怒りを引き受けないようにしましょう。そのために、ストレスに感じていることを4つのブロックに振り分けて書き出して、見える化するという方法があります。

効果

- **自分がコントロールできることと、できないことが見極められる**
- **どう受けとめ、どう行動すればいいのかがわかるようになる**
- **コントロールできないことへの過剰なイライラがなくなる**

ストレスを４つのブロックに振り分ける

ストレスを感じることを次の４つのブロックに振り分けます。

変えられる コントロール可能	変えられない コントロール不可能
重要	重要
重要ではない	重要ではない

次ページで方法を解説します。

	自分で変えられること	自分では変えられないこと
重要	●今すぐできる行動をする ●状況が、いつまでにどの程度変わったら気がすむのかを決める ●それを実現するために、自分がどう行動するかを決める 例) 挨拶ができない部下 報告をしない後輩	●変えられない現実を受け容れる ●今できる行動を探す 例) 電車が遅れる 天気 クレーム電話がかかってくる
重要ではない	●余力のあるときにすればいい ●状況が、いつまでにどの程度変わったら気がすむのかを決める ●それを実現するために、自分がどう行動するかを決める 例) 部屋が片づいていなくて汚い	●放っておく 例) 満員電車 妻の小言

どのブロックに入れるかは自分で判断します。

1

表に沿って、ストレスを書き出し、振り分けてみる

2

自分で変えられる重要なことに力を注ぎ、変えられないことの場合は、できることに目を向けて行動する

「自分では変えられない・重要」に入ったことは、ただ我慢しなければならないというわけではありません。

自分ではどうにもできないという現実を受け容れたうえで、「どうしたらいいのかな」と、できることに目を向けて行動しましょう。

電車がよく遅れるのがイヤなら、朝早く出社したり、クレーム電話がイヤなら、スムーズに対応できるスキルを身につける…といったことができますね。

Lesson

12 習慣化する 不安を書き出してみる〈不安ログ〉

目先のことと少し先の未来のことで分ける

前ページのストレスログと同じ表を使って、不安なことを書き出します。たとえば「地震が起きたらどうしよう」と思ったとします。地震が起こることはコントロールできる範囲ではありません。そんなときには、非常用の食料や必要なものをそろえておいたり、いざというときの家族間の連絡方法を決めておく…など、できる備えをしておくようにします。

このように、自分がコントロールできないものは受け容れて、できる対処を考え、行動しましょう。

効果

- ●不安を客観的にとらえることができるようになる
- ●必要以上、大きな不安にしないようになる

不安なことの書き出し方

● 目先のこと ●

プレゼンの日に子どもが熱を出したらどうしよう
この仕事が期限内に終わらなかったらどうしよう　　など

● 未　来 ●

夫の給料が安いので、老後の生活が心配
地震が起きたらどうしよう
病気になったらどうしよう　など

Lesson

13 うれしいこと、成功体験をメモする

習慣化する〈ハッピーログ、サクセスログ〉

メモするたびにしあわせな気持ちがわいてくる

日常の生活では、イライラすることばかりでなく、うれしかったこと、うまくいったこともたくさんあるはずです。そんな、しあわせだと感じられることや、うまくいったことを記録することで、プラスに目を向けられる体質になっていきます。

学生時代の友人たちとの同窓会がとっても楽しかった、朝早く起きることができた、今日の卵焼きはうまく焼けた…など、小さなことでいいのです。

フォーマットは自由です。書きやすいものに記録すればOKです。

効果

- ハッピーログは…小さなことにもしあわせだと感じられるようになる
- サクセスログは…自分に自信をもつことができる
- どちらも続けていると、怒りにくい体質になる

ハッピーログ、サクセスログの書き方

1

- 些細なことでOK。うれしかったこと、楽しかったことを書く（ハッピーログ）
- できたこと、うまくいったことを記録する（サクセスログ）

2　ノートに書き出す

3

Lesson
14
すぐできる
意識集中テクニックを使う
〈グラウンディング〉

「いま、ここ」に意識を向けて邪念をはらう

怒りが長引くタイプの人は、過去や未来に思考が飛びがちです。過去の出来事を思い出し、怒りがこみ上げてきたり、「いつか仕返ししてやる…」と、よからぬ未来を想像したりします。

そこで、過去や未来に思考が飛んでいる自分に気づいたら、「いま、ここ」に意識を戻します。そうすれば、目の前にあることに集中でき、怒りに振りまわされなくてすみます。強い怒りで憤りを感じたり、過去の怒りを思い出して怒りがわき起こってきたり、よからぬ未来を想像してしまうようなときに取り組んでみるのがおすすめです。

効果
- 持続する怒りから解放される
- 怒りを大きくしなくてすむ

「いま、ここ」に意識を向ける方法

1 イラッとしたことがあった

2 目の前にある何かに目を向ける（手にする）

ペン、スマートフォン、
パソコンなど、何でもOK

3 それに意識を集中させ、観察する

色は？　カタチは？　傷はある？

意識が「いま、ここ」に向き、
余計なことを考えなくなる！

4 「いま、ここ」に意識を集中することで、過去のイヤなことや、未来に意識が飛ばないようにする

とくに過去を思い出して怒るという「思い出し怒り」をしがちな人にはおすすめです。ぜひ繰り返し取り組みましょう。

目の前のことに意識を向けるやり方の流れ

1 上司が失敗の
責任をこちらに
なすりつけてきたとき

2 よからぬことを
考えてしまったら…

3 目の前のことに
意識を向ける

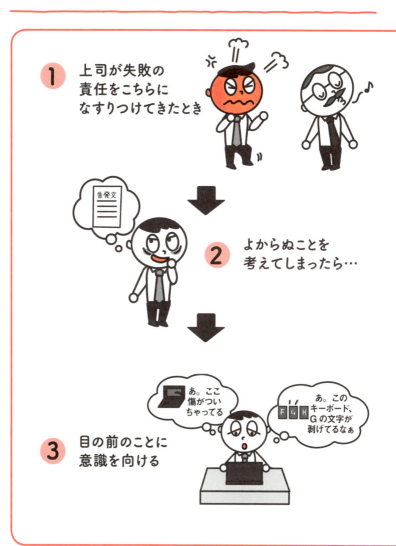

Lesson 15

すぐできる

〈ミラクルデイエクササイズ〉

怒りの問題が解決したところをイメージする

悶々とした気持ちが晴れる!

怒りがわいておさまらないとき、その怒りのもとでもある問題が、すべて解決した奇跡の日をイメージするという方法です。問題がすべて解決したゴールを思い描くことで、どうしたいのかがわかり、気持ちも上向きになります。

怒りを感じたとき、そのことで頭がいっぱいになって悶々としてしまいがちな人や、「いつか仕返しをしてやりたい」といった、よからぬ未来を想像してしまう人におすすめです。

効果

- ●怒りの気持ちから離れられる
- ●しあわせな気持ちがわいてくる
- ●目指すゴールがわかる

イメージするときに知っておきたいこと

1. 具体的にイメージすると、望んだことが叶いやすくなる！
2. 「こうなったらうれしいな」というシーンをたくさん思い描く
3. なかなかイメージできないときには、五感をリラックスさせる

好きなアロマの香りを取り入れたり、ホットアイマスクを着用して五感を気持ちよく刺激すると、心地よくなっていく

3

最高の1日のはじまりをイメージする

4

最高の1日のはじまりをイメージすると、どんな景色が見えるか、想像する

7

職場や学校などでのなりたい自分をイメージする

8

すっきりしながら眠りにつく

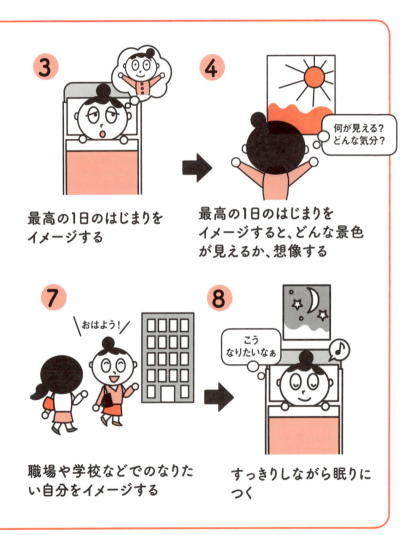

イメージの流れ

1

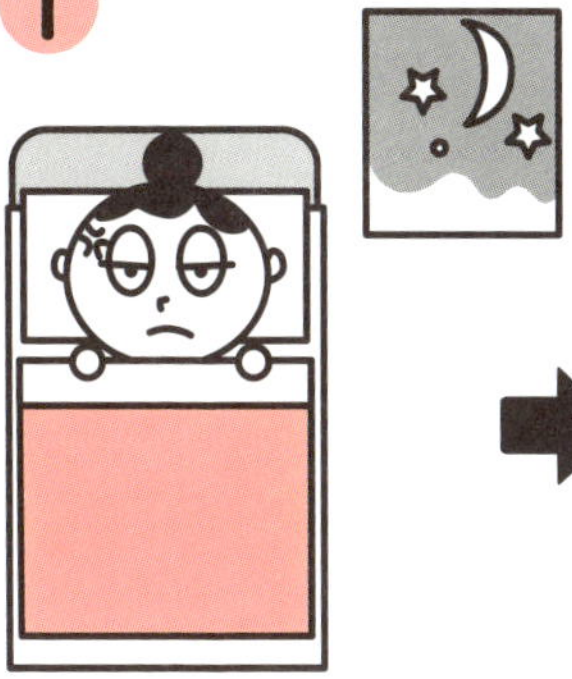

2

問題が解決したときの
イメージをする

5

1日のはじまりに、身近な人がどんな言葉をかけてくれるかイメージする

6

うれしい言葉をかけてもらったときの自分をイメージする

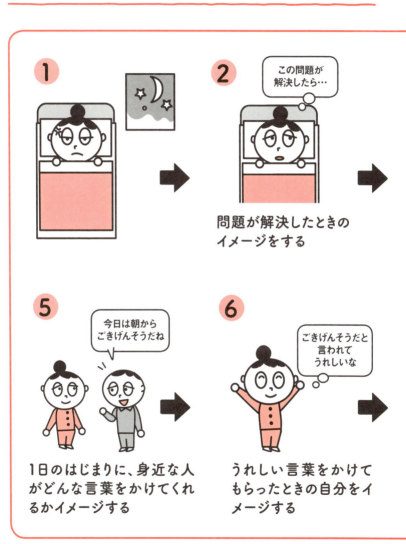

Lesson
16

すぐできる

丸1日おだやかに行動してみる

〈24時間アクトカーム〉

実際に最高の1日を演じることで、現実も変わる

前ページで紹介したミラクルデイエクササイズでイメージしたとおりの自分を、1日(24時間)演じてみます。問題がすべて解決して晴れやかになったところを想像し、おだやかな表情、態度、言葉づかいを意識して振る舞ってみるのです。24時間アクトカームの「アクト」は「演じる」、「カーム」は「おだやかに」の意味です。

おだやかに振る舞ったとき、周囲はどう反応するか、どう変わるかを観察してみましょう。自分が変われば、相手の反応や相手との関わり方が変わることを実感できます。

効果

- 自分が行動を変えることで、まわりの人がどう変化するか実感できる
- 実際に周囲の人との関係がよくなる

こんなふうに行動しよう

1 24時間はおだやかに振る舞うと決意する

↓

2 人への接し方を変える

↓

3 かける言葉も変える

↓

4 最高の自分を演じる

やっていると「怒らないで過ごすのって気持ちがいいな」と思えるよ

Lesson
17
自分がつくりたい変化を書き出す
すぐできる〈変化ログ〉

なかなか動けない人も、すぐに行動できる

ミラクルデイエクササイズで目指すゴールをイメージしたら、そうなるためにはどうしたらいいか具体的なステップを考えて、書き出してみるという方法です。

大きな目標を立ててしまうと、なかなか行動できずに嫌になってしまったり、あきらめてしまうこともあります。でも、すぐにできるような小さなことを書き出してみることで、行動しやすくなります。

頭の中で考えすぎて、なかなか動けない人におすすめです。

効果

●具体的な目標設定と行動計画を決めることで行動しやすくなる
●小さな行動計画を立てることで、達成感を味わいやすくなる

目標の立て方と行動計画の決め方の例

つくろうとしている変化

変化するために必要な

●現実的で具体的なこと

●実現できる期間

例）

子どもにガミガミ怒らない、おだやかな笑顔のママでいたい

●毎朝笑顔をチェックする

●片づけないときに、「なんで片づけないのよ！」と怒鳴って言わず、「片づけてね」と言うだけにする

●朝と寝る前は、笑顔で挨拶をする

●1カ月でできるようになる

ハードルを上げずに、少しやればできるようなレベルから計画を立てましょう。

Lesson

18

深呼吸する

すぐできる〈呼吸リラクゼーション〉

怒りがすっと抜けて、落ち着いて対応できる

怒りを感じたときに、ゆっくり腹式呼吸をして気持ちを落ち着かせる方法です。イラッとしたときに、鼻から息を吸い、口から静かに吐きます。

4秒で吸って、8秒かけて吐きます。これを2~3回繰り返すことで、余計な怒りが抜けていきます。

感情的になってしまいそうなことがよくある人や、怒りをためるクセのある人におすすめです。

効果

●腹式呼吸をすることで、副交感神経の働きが高まり、身体の緊張がほぐれ、気持ちをリラックスさせられる

●心が落ち着き、怒りの気持ちもおさまる

深呼吸の方法

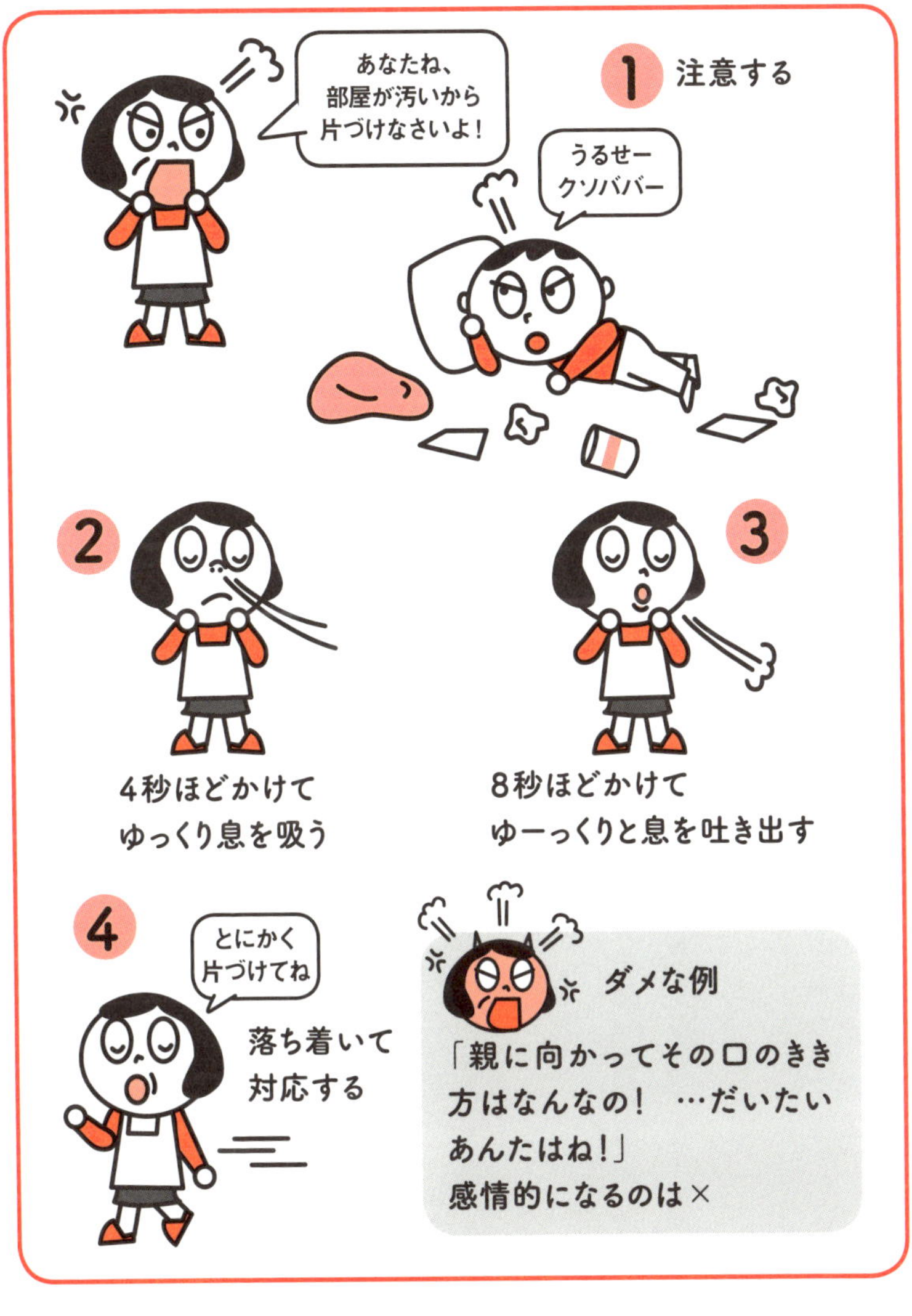
1 注意する
あなたね、部屋が汚いから片づけなさいよ！
うるせークソババー
2
4秒ほどかけてゆっくり息を吸う
3
8秒ほどかけてゆーっくりと息を吐き出す
4
とにかく片づけてね
落ち着いて対応する
ダメな例
「親に向かってその口のきき方はなんなの！ …だいたいあんたはね！」
感情的になるのは×

Lesson
19
習慣化する
身体をリラックスさせる〈身体リラクゼーション〉

適度な運動は心の平安を保てる

イライラしたときに、有酸素運動やストレッチをすることでイライラしにくい体質にするための方法です。激しい運動の場合はリラックス効果がありませんが、疲れすぎない運動をすることで、健康的な形でストレスを発散することができます。

効果

● 一定時間有酸素運動を続けることで、ストレスをやわらげる効果のあるエンドルフィンやセロトニンが脳から放出され、イライラしにくい体質をつくることができる

こんな有酸素運動がおすすめ

やけ酒、やけ食い、ギャンブル、タバコ、2時間以上のネットサーフィン、ゲームなどは、依存性が高くなってしまうので、ストレス解消には向きません。

Lesson 20

習慣化する 理想の人になりきる〈プレイロール〉

理想の人を演じることで、なりたい自分に近づける

映画、テレビ、歴史上の偉人、尊敬する上司や先輩など、理想の人物を選びます。その人が怒る場面でどのように振る舞うか、なんと言うか、その人になりきって演じてみるという取り組みです。

その人物の発言・名言・くせ・振る舞い方・エピソードを日頃から研究しておくことで、イライラしたときでも気持ちのいい振る舞い方ができます。

効果

●理想のキャラクターを演じることで、自分がなりたい性格に近づくことができる

理想の人物を演じる方法

Lesson 21

習慣化する ひとりでディベートをする〈3コラムテクニック〉

ひとりで冷静に解決策を見つけられる

自分の怒りの原因になる「べき」（＝コアビリーフ）を見つけ、どのようにすれば怒りと上手につき合えるようになるかを考えるためのテクニックです。

時間のあるときに、静かにゆっくりと取り組みましょう。「この『べき』は絶対？すべての人に通じる？」と自問自答してみます。

無理に怒りをおさめるためのものではないので、長期的に自分もまわりもいいなと思える答えを見つけましょう。

効果

●自分の怒りの原因となる「べき」を客観的に見つめることで、ゆがみを見つけられる

●怒りと上手につき合うための解決策がわかる

自分にとっての「べき」の書き出し方

どのようなことで怒りを感じたか

- 新入社員が電話の取次ぎができない
- メールのマナーを知らない
- お茶の出し方も知らない

「べき」は何か

- 新入社員でも社会人なのだから、電話の取次ぎはできるべき
- メールのマナーは知っているべき
- お茶の出し方は知っているべき

どう考えればいいか

- いままで教えてもらっていないのかも…
- 経験していないのかも…
- できていないことにイライラしないで指導しよう

3

「自分やまわりにとって長期的に健康的でしあわせでいられるのか」という視点で解決策を考える

4 行動する

アンガーマネジメントは解決志向です。相手が理想の行動をするように指導をします。自分やまわりが長期的に健康的にいられるかを軸にするといいでしょう。

ひとりでディベートするときの流れ

1 「〇〇するべき！」と怒る体験をする

2 怒りの原因になった
「べき」を書き出す

Lesson
22
習慣化する
うまくいかないパターンを壊す〈ブレイクパターン〉

悪循環を壊すことで、いい行動を起こすきっかけをつくる

いつも無意識に繰り返している話し方や行動のパターンをあえて壊して、いい流れをつくるきっかけをつくります。

同じようなことで、同じ相手に同じ言葉で怒ってしまったり、よくない振る舞いを繰り返してしまっているとき、いつものパターンを壊すことで、いい行動を起こすきっかけができます。

効果

- 意識して悪い習慣を変えることで、行動を変えるきっかけにできる
- 無意識にしている悪習慣に気づける
- 変化に柔軟に対応できるようになる

いつもの習慣を変えるときの手順

1 いつものイラッとすることが起こる

2

3 電車に乗るときの車両を変える

4 いつもオーダーする飲み物を変えてみる

5 毎朝観ている番組を変えてみる

6 いつもと違う言い方ができる

Lesson 23

習慣化する

第三者に仲を取りもってもらう〈カップルダイアローグ〉

第三者に入ってもらって冷静に解決できる

2人で話しても、感情的になってしまったり、いつまでたっても何も変わらないというときに、第三者に入ってもらって解決していくという方法です。アメリカでは、1960年代から結婚セラピーで実践されており、「仲直りのキャッチボール」ともいわれています。

信頼できる第三者が入ることで、落ち着いて話し合いができるので、どうしても解決したい大切なことを話したいときにおすすめです。ただし、かならずしも第三者が入らなければいけないというわけではなく、2人でやってもかまいません。

効果

●2人では会話が平行線のままの場合、第三者が入ることで解決へと導かれる
●夫婦間だけではなく、上司、部下、同僚、友人同士でも使える

こんなときにおすすめ

- 夫が休日も仕事を優先させてしまう
- 家族との時間をないがしろにする
- 子育てに協力的ではない
- 家事も全部妻にまかせきり
- 月に1度でも休日に家族で出かけたいものの夫の理解が得られない
- 妻がいつも部屋を散らかしたまま片づけない
- 妻が浪費ばかりしている
- 家計がいつも赤字
- チームでのコミュニケーションがうまくいっていない

奥さん

月に1回は家族で出かけてほしい。それから週に1回家の掃除をしてほしい。週に3日は子どもをお風呂に入れてほしい

最後に、Aは相手に変えてほしいことを3つ言う

第三者

では旦那さん、その中からひとつ選んで奥さんに約束しましょう

第三者がBに、Aの希望を選んで約束してもらうよううながす

旦那さん

月に1回は家族でお出かけをします

Bは、できることをひとつ選んで約束する

第三者

ではそれを約束しましょう

落ち着いて話し合いが終了する

話し合いの流れ

第三者が入って3人で行う

奥さん

あなたは私に子育ても家事も任せっきりなところが嫌なのよ

まず一方（A）が、相手の気に入らないところを具体的に言う

第三者

いま奥さんが言ったことを繰り返してください

相手（B）に一方（A）の発言を繰り返してもらうよううながす

旦那さん

君は、ボクが子育ても家事も、君に任せきりなのが嫌なんだね

相手（B）は、Aが言ったことをそのまま繰り返す

奥さん

とっても大変で、さびしくも感じるのよ

旦那さん

君は、大変でさびしく感じているんだね

第三者

では、旦那さんに変えてほしいところを3つ言ってください

第三者がAにBの変えてほしいところを伝えるよううながす

おわりに

怒りの連鎖を断ち切ろう

「怒りっぽい家族（職場の人に）にアンガーマネジメントを知ってもらいたいです。どうすればいいでしょうか？」

こんな相談を、よく受けることがあります。

「私だけがアンガーマネジメントを学ぶのではなく、相手にこそ必要だ！」

そんなふうに思ってしまう気持ちもわかります。

でも、相手を変えることはなかなかできません。

たとえ家族であっても、相手をコントロールすることはできないのです。

あなた自身はいかがですか？

「あなたは怒りっぽいので、それをなんとか変えなさい！」

「すぐにアンガーマネジメントのことを学んで！」

と言われたら、素直に「じゃあ学んでみよう」と思えるでしょうか。

アンガーマネジメントは、相手の怒りをコントロールすることではありません。

自分自身の怒りに対して取り組むものです。

人は、一方的に押しつけられるより、本人自身が興味をもったときにはじめて動き出すものです。

ですから、「あの人を変えたい！」という気持ちがわいてきたときには、まずあなた自身が怒りに振りまわされず、アンガーマネジメントができるようになりましょう。

それが相手も変わるきっかけにつながることもあります。

この本の出版のきっかけをくださったのは、ある書店の店長さんのひと言でした。

かんき出版の営業の方と書店訪問をした際に、こんなご要望をいただいたのです。

「戸田さんの『アンガーマネジメント　怒らない伝え方』（かんき出版）はとてもわかりやすい本ですね。アンガーマネジメントを、もっともっと幅広い層に知ってもらいたいから、ビジネス書を読み慣れていない中学生や年配の人にも読んでいただけるよう、図解版をつくってくれませんか」

このひと言がなければ、今回の著書はカタチになっていなかったかもしれません。ありがとうございます。

そして、今回の著書を執筆するにあたり、快く監修をお引き受けくださった、私のアンガーマネジメントの指導者であり、日本アンガーマネジメント協会の安藤俊介代表理事、ありがとうございました。

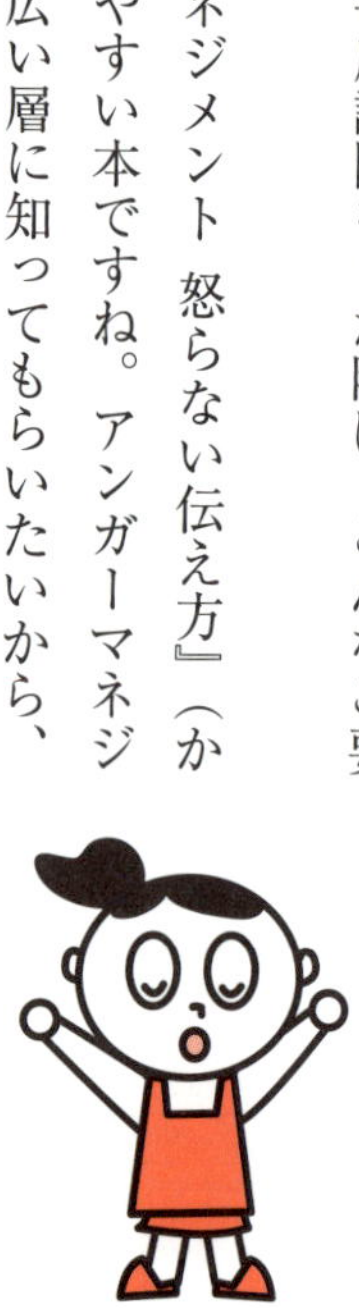

また、書店の店長さんの声を聴き、「実現させましょう！」とすぐに実現へと導いてくださった山下津雅子常務、今回も担当編集として私を力強く支えてくださった星野友絵さん、かわいいイラストを描いてくださった石山沙蘭さん、ありがとうございました。

最後にいつも側で応援してくれる家族、夫と息子へ。

今回もありがとう。

2016年10月　戸田久実

【監修者紹介】**安藤俊介**（あんどう・しゅんすけ）

一般社団法人日本アンガーマネジメント協会代表理事
アンガーマネジメントコンサルタント

◉――1971年群馬県生まれ。2003年に渡米してナショナルアンガーマネジメント協会にてアンガーマネジメントを学び、日本に導入、第一人者となる。米国の同協会で1500名以上在籍するアンガーマネジメントファシリテーターの中で15名しか選ばれていない最高ランクのトレーニングプロフェッショナルに、米国人以外で唯一選出される。

◉――企業、教育委員会、医療機関などで数多くの講演、研修などを行い、年間の受講者数は2万人を超える。

◉――著書に『はじめての「アンガーマネジメント」実践ブック』（ディスカヴァー・トゥエンティワン）、『アンガーマネジメント入門』『怒りに負ける人、怒りを生かす人』（共に朝日新聞出版）など多数。

【著者紹介】**戸田久実**（とだ・くみ）

一般社団法人日本アンガーマネジメント協会理事
アドット・コミュニケーション㈱代表取締役
日本アンガーマネジメント協会認定アンガーマネジメントコンサルタント

◉――立教大学卒業後、大手企業勤務を経て研修講師に。2008年にアドット・コミュニケーション㈱を設立。大手民間企業、官公庁などで「伝わるコミュニケーション」をテーマに、研修・講演を実施。対象は新入社員から管理職、リーダー、女性リーダーまで幅広い。講師歴は26年。登壇数は3000を超え、指導人数は10万人に及ぶ。

◉――著書に『アドラー流たった１分で伝わる言い方』『アンガーマネジメント 怒らない伝え方』（共にかんき出版）、『マンガでやさしくわかるアンガーマネジメント』（日本能率協会マネジメントセンター）などがある。

いつも怒《おこ》っている人《ひと》も うまく怒《おこ》れない人《ひと》も
図解《ずかい》 アンガーマネジメント　〈検印廃止〉

2016年10月3日　第1刷発行
2021年12月1日　第7刷発行

監修者――安藤 俊介
著　者――戸田 久実
発行者――齊藤　龍男
発行所――株式会社かんき出版
東京都千代田区麴町4-1-4 西脇ビル　〒102-0083
電話　営業部：03(3262)8011㈹　編集部：03(3262)8012㈹
FAX　03(3234)4421　振替　00100-2-62304
https://www.kanki-pub.co.jp/

印刷所――ベクトル印刷株式会社

ISBN978-4-7612-7208-1 C0030